LLOFFION EIFIONYDD

# LLOFFION EIFIONYDD

Detholiad o ryddiaith, barddoniaeth a cherddoriaeth, wedi eu casglu o hen bapurau newydd, llyfrau a chylchgronau, ynghyd ag ambell i erthygl a nodiadau gan yr awdur

## W. Arvon Roberts

*Cyflwynaf y gyfrol hon i'm
gweinidog, Y Parch. Gwyn C. Thomas,
hanesydd a thywysydd heb ei ail
ar deithiau yng ngwahanol ardaloedd o Gymru*

Argraffiad cyntaf: 2010

ⓗ W. Arvon Roberts/Gwasg Carreg Gwalch

Rhif rhyngwladol: 978-1-84527-310-1

Mae'r cyhoeddwr yn cydnabod cefnogaeth ariannol
Cyngor Llyfrau Cymru


Cyhoeddwyd gan Wasg Carreg Gwalch,
12 Iard yr Orsaf, Llanrwst, Conwy, LL26 0EH.
Ffôn: 01492 642031 Ffacs: 01492 641502
e-bost: llyfrau@carreg-gwalch.com
lle ar y we: www.carreg-gwalch.com

Argraffwyd a chyhoeddwyd yng Nghymru.

# Cynnwys

# Rhagair

Fel ag y mae angor i long neu raff i ddringwr, felly hefyd y bu ardaloedd Llŷn ac Eifionydd yn ddiwahân ar hyd y canrifoedd. Nid ar chwarae bach y gellir datgysylltu'r naill oddi wrth y llall. Bu'r ardaloedd hyn fel pâr priod wrth ymwneud â'i gilydd ar hyd y blynyddoedd – ym myd llywodraeth leol, crefydd a'r celfyddydau, ac fe ddeil y berthynas hon hyd heddiw i raddau helaeth iawn. Yn sicr, ceir cyfuniad o olygfeydd a hanes i wneud y ddwy ardal yn rhanbarth nodweddiadol o ddeniadol, ac eto maent yn unigryw mewn sawl ystyr. Cafwyd rhagflas am ardal Llŷn yn *Lloffion Llŷn* a gyhoeddwyd yn 2009, felly dyma gyfle i ddathlu treftadaeth Eifionydd y tro hwn.

Mae nifer o feirdd a chantorion wedi canu i Eifionydd, am ei 'morfa a'i mynyddoedd, am ei dolydd a'i dyfroedd, a'i choed a'i chedyrn' fel y dywedodd Hywel ab Owain dros 800 o flynyddoedd yn ôl. Erys swyn a grym ei eiriau o hyd heddiw. Teimlaf innau fel un sydd yn byw ar riniog Eifionydd yn freintiedig o fod wedi cael crwydro drwyddi – o Ddyddyn Siôn i Danrallt, o'r Gwynfryn i Bant-glas, o Gwm Ystradllyn i Garthmorthin, o'r Bontfechan i Glasfryn. Cefais weld ei choedydd yn llawn dail a'r coed ffrwythau a'r gwrychoedd yn frith gan flodau, bwtsias y gog yn garped glas ar lawer llechwedd, a'r eithin yn fflamio ar forfa a rhos. Gwelais lesni'r môr rhwng pentrefi ei glannau ar ddiwrnod braf o haf, a theimlais dawelwch llethol mewn sawl man ohoni.

Ychwanegir at swyn a diddordeb y golygfeydd wrth ddwyn i gof am y bobl enwog a chyffredin â fu'n byw yno gynt ynghyd â'r mannau cysylltiedig â hwy megis: Ynyscynhaearn, Isallt Fawr, Tyddyn Llwyn, Moelfre, Cwt Defaid, Cors y Wlad ac yn y blaen.

Hyderaf y bydd y detholiad hwn eto yn creu awydd ynoch i ymweld â rhai o fryniau a dyffrynnoedd iachusol, dolydd a glannau prydferth, a phrofi tipyn o 'flas y cynfyd' o fewn tiriogaeth yr ardal hon – Eifionydd.

W. Arvon Roberts
Chwefror, 2010

# EIFIONYDD

Eifionydd, Yfionydd neu Eiddionydd, fel y sillafwyd mewn gwahanol amseroedd, yw un o'r pum cantref y dosbarthwyd yr hen Sir Gaernarfon iddi yn nheyrnasiad Harri yr Wythfed. Cyn hynny, yr oedd ynghyd â rhannau o Lŷn, yn gwmwd oedd yn perthyn i Gantref Dunoding.

Y mae safle y cantref hwn yng nghwr eithaf deheuol y sir, ac ar bwys Machwy Ceredigion; ac amgylchynir ef gan y cantrefi canlynol: I'r gorllewin gan Dinllaen, i'r gogledd a'r gogledd-ddwyrain gan Is Gwyrfai ac Uwch Gwyrfai, i'r dwyrain a'r de-ddwyrain gan Ardudwy, ac i'r de gan y môr neu Fachwy Ceredigion.

Ffurfir y cantref gan naw o blwyfi sef Treflys, Ynys Cynhaearn, Penmorfa, Llanfihangel-y-Pennant, Llanarmon, Llangybi, Llanystumdwy, Dolbenmaen, a Chricieth, ynghyd a rhan o blwyfi Beddgelert ac Abererch.

Disgrifir ei derfynau mewn hen bennill fel hyn:

> Terfyna tair o afonydd,
> Sef Colwyn, Llyfni ac Erchwydd, –
> Y rheini sydd, fel caerau llad,
> Yn fur i wlad Eifionydd.

Y mae'r terfynau yno yn reit agos i'w gilydd, gyda'r ffiniau fel a ganlyn. O Abererch i Borthmadog y mae yn cael ei derfynu gan y môr; oddiyno hyd bentref Beddgelert mae'n cael ei wahanu oddiwrth gwmwd Uwch Artro gan yr Afon Glaslyn; oddiyno, trwy y Cwm-du, hyd ben Trum y Ddysgl, terfynir ef oddiwrth Uwch Gwyrfai gan ddyfroedd yr Afon Colwyn; oddiyno y mae'r llinell derfyn rhyngddo ac Is Gwyrfai yn dilyn rhediad y dŵr ar yr ochr ddwyreiniol i'r trumiau a ganlyn: Craig Cwm Silyn, Graig Las, a thros fwlch Cwm Dulyn i'r Graig Goch yn y Llwydmawr. O'r ochr ddeheuol i'r Llwydmawr y mae'r llinell derfyn yn mynd trwy Gwm-yr-haf a thros Fynydd Cenin, ar ffiniau plwyfi Clynnog a Llanaelhaearn, hyd darddiad yr Afon Erch, yr hon yw ei derfyn gorllewinol. Ei hyd eithaf, mewn llinell uniongyrchol, o'r dwyrain i'r gorllewin, sef o Aberdunant ym mhlwyf Penmorfa, hyd i'r Trallwyn, ym mhlwyf Llangybi, yw 13 o filltiroedd; a'i led o dde i gogledd, sef o'r Graig Ddu yn Nhreflys hyd Drum y Ddysgl ym mhlwyf Beddgelert yw tua 7 milltir. Y mae ei arwynebedd tua 45,421 o erwau.

Wrth fwrw golwg cyffredinol dros arwynebedd yr holl gantref, gwelir ei fod yn llechweddog a mynyddig, gydag ychydig o dir gwastad yn yr ochr arfordir, a chorsdir maith yn y cwr gorllewinol. Y mae'r tir yn codi'n raddol a bryniog o lan y môr yng Nghricieth hyd i Ddolbenmaen, ac yno y mae'n codi'n sydyn yn greigiau mawrion hyd fynyddlawr y Llwydmawr a'i berthynasau. Yn yr ochr orllewinol, o Lanystumdwy hyd at yr Afon Erch, y mae'n fwy dyffrynog, a'r codiad yn llai llechweddog, hyd nes y deuir at Garn Bentyrch, yr hon sydd yn ymddangos fel ar ei phen ei hun, heb unrhyw gysylltiad ac un trum arall. Yr ochr arall y mae yn llawrdir uchel, yn cael ei gysgodi gan uwchdir mynyddig Clynnog a Llanaelhaearn. Yn y pen dwyreiniol y mae rhes o fryniau mân yn cychwyn yn y Graig Ddu, ac yn graddol godi ymlaen tua'r dwyrain i Foel y Gest. Ar yr ochr ddeheuol i'r Foel ceir tir gwastad tywodlyd Morfa Bychan, ac ar yr ochr ogledd y gorwedd Dyffryn Madog. Yn Nhremadog y mae cyfres o fynyddoedd yn cychwyn mewn cyfeiriad gogleddol. Cyfeiria un rhes o'r Graig Wen, ar yr ochr chwith i Cwmstradllyn, trwy Fraich y Gornel, i ben Moel Hebog. Mae'r rhes arall yn mynd ar y dde trwy y Seddau, trwy Fynydd y Gorllwyn, Y Foel Ddu, a Moel Cwm Cloch, i Foel Hebog. Yna y mae'r rhes yn dilyn ymlaen, gan gymeryd i fewn Foel-yr-ogo, y Foel Lefn, y Graig Ddrwg, hyd i Drum y Ddysgl. Y prif drumiau yn mynyddoedd y cantref yw y rhai hyn: Moel y Gest, yn Ynys Cynhaearn; Y Graig Wen, Mynydd y Gorllewin, Y Foel Ddu, a Braich-y-gornel, ym mhlwyf Penmorfa; Bryn Banog, Moel Cwm Cloch, Moel Hebog (2,671 troedfedd o uchder), Moel-yr-ogo, Y Foel Lefn, y Graig Ddrwg, a Thrum y Ddysgl (2,362 troedfedd o uchder) ym mhlwyf Beddgelert a Llanfihangel-y-Pennant; y Graig Las, Garnedd Goch, Braich-y-ddinas, Graig Goch, Graig Ddrwg, Llwydmawr (2,370 troedfedd o uchder), a Moelfre yn Llanfihangel; a Moel Bentyrch yn Llangybi; ynghyd ac amryw fryniau llai o faint ac uchder ym mhlwyfi Cricieth, Llanystumdwy a Dolbenmaen.

Mewn lle mor ddarniog ei arwynebedd, ac mor niferus ei fryniau a'i fynyddoedd, ceir llawer o nentydd a chymoedd; ac felly y mae yn Llanfihangel-y-Pennant, yr hwn nid yw amgen, oddiethr ei drumiau uchel, na nant neu gwm anferth ei hun. Y mae yna amryw gymoedd eang yn gorwedd rhwng y trumiau rhai fel Cwm Llefrith yn Moel Hebog, Cwm Dwyfor, Cwm Braich-y-ddinas, a Chwm Ciprwth; ym mhlwyf Penmorfa y mae Cwmstradllyn, lle y mae dau lyn eang, nodedig am eu pysgod; ac o fewn

Eifionydd, ym mhlwyf Beddgelert, y mae Cwm Oerddwr, Cwm Clochig, Cwm Meillionen a'r Cwm Du.

Y mae hefyd, yn y cwmwd hwn, lawer iawn o afonydd, neu yn fwy priodol, ffrydiau cryfion, ac y mae y rhai hyn mor niferus fel mai gormod o fanylder a fyddai eu henwi hwy i gyd yma, felly ni wneir ond nodi ychydig o'r prif rai. Afon fwyaf y cantref yw y Ddwyfor, sydd yn tarddu yng Nghwm Dwyfor, ym mhen uchaf Nant y Pennant. Wedi ymlithro i lawr trwy waelod Nant y Pennant gan gymeryd amryw fân ffrydiau iddi, yn ymyl Dolbenmaen unir hi gan Afon Clennenau, sydd yn tarddu yn llynoedd Cwmstradllyn, oddiyno fe a ymlaen ar gylch heibio Llanystumdwy ac ychydig islaw yno unir hi gan y Ddwyfach. Yna, wedi mynd ychydig yn is, mae'n ymarllwys i'r môr ger fferm Abercin. Y nesaf at y Ddwyfor o ran hyd yw y Ddwyfach. Y mae hon yn tarddu yn yr Hengwm, plwyf Clynnog, ac wedi rhedeg ymlaen mewn cyfeiriad gogleddol, gan gymeryd i mewn fân ffosydd, hyd Gyfelog, mae'n rhedeg i'r de, heibio Pant-glas; ychydig islaw yno unir hi gan Afon y Faig o Gwm-yr-haf; yna a ymlaen yn gyfochrog, ar yr ochr orllewinol i'r Ddwyfor, heibio y Betws Fawr, hyd islaw Llanystumdwy, lle yr ymuna fel y crybwyllwyd a'r Dwyfor. Afon arall yw yr Erch. Rhestrir hon ymysg afonydd Eifionydd gan fod rhai o'i ffrydiau yn tarddu yma, a chan fod y brif ffrwd yn derfyn y cantrefi. Tardda hon yng Nghwm Coryn, ac wedi taith droellog mewn cyfeiriad deheuol, y mae'n ymarllwys i'r môr islaw Abererch. Y nesaf yw yr Afon-wen. Y mae hon yn tarddu yn agos i'r Mynachdy Gwyn ym mhlwyf Clynnog; a chyfeiria ei rhediad i'r de, trwy blwyfi Llangybi a Llanarmon, a Chwilog yn Llanystumdwy, ac islaw Pont y Ffridd, lle yr ymlithra drwy'r morfa i'r môr. Y nesaf a nodir yw y Colwyn. Mae'r afon hon yn rhedeg ar hyd yr ochr ogleddol i'r cantref, gyda godreuon y rhes o fynyddoedd uchel ac sydd yn cychwyn o Dremadog, gan ymestyn trwy Feddgelert hyd Ddrws-y-Coed. Mae'n tarddu ar lechwedd Trum y Ddysgl, pedair milltiri'r gogledd o bentref Beddgelert; ac yna'n ymdreiglo i lawr yn chwyrn drwy y Cwm Du a Nant-y-Colwyn, gan gymeryd i fewn ddyfroedd y Feillionen y Ffriddog, ac Afon Cwmcloch, hyd i bentref Beddgelert, lle y mae'n ymuno â'r Glaslyn, sef terfyn y cantrefi oddiyno i lawr i Borthmadog.

'BLEDDYN'
(Traethawd buddugol yn Eisteddfod Gadeiriol Eryri, â gynhaliwyd ym Mhorthmadog, 1873)

*Mab i John Jones, Clochydd (y cyfeirir ato yn Two Years Ago gan Charles Kingsley) a Catrin Williams oedd William Jones, 'Bleddyn'. Ganed ym Meddgelert tua 1829 a bu farw yn 1903. Cafodd lwyddiant eithriadol mewn sawl eisteddfod gan gynnwys ei draethawd ar Hynafiaethau a Chofianau Plwyf Beddgelert. (Eisteddfod Beddgelert, 1860), traethawd ar Conwy a'i Hamgylchoedd (Eisteddfod Genedlaethol Conwy, 1861), a thraethawd ar ddaeareg Sir Gaernarfon (Eisteddfod Genedlaethol Caernarfon, 1862).*

*Daeth i amlygrwydd cenedl fel hanesydd lleol, daearegwr a hynafiaethwr. Yr oedd John Thomas, 'Siôn Wyn o Eifion' (1786-1859), y bardd o Chwilog, yn ewythr iddo ef.*

## John Ambrose Lloyd
## (1815-1874)

Cerddor o'r Wyddgrug oedd J. Ambrose Lloyd. Ganed 14 Mehefin, 1815; yn fab i Enoch Lloyd, gwneuthurwr dodrefn a phregethwr gyda'r Bedyddwyr. Symudodd Ambrose Lloyd i Lerpwl i gynorthwyo'i frawd Isaac, i gadw ysgol. Yno'n Lerpwl y cyfansoddodd ei dôn gyntaf, WYDDGRUG, a ysgrifennwyd ar gyfer yr emyn 'Wele, cawsom y Meseia', pan oedd yn 16 mlwydd oed. Roedd yn gefnder i William Ambrose (Emrys), gweinidog ym Mhorthmadog yng nghyfnod Eifion Wyn. Cyhoeddwyd y dôn EIFIONYDD yn gyntaf yn ei *Casgliad o Donau* (1843). Ymddangosodd ar ôl hynny yn *Llyfr Tonau Cynulleidfaol* (1859) gan Ieuan Gwyllt. Daeth J. Ambrose Lloyd i amlygrwydd cenedl am ei anthem 'Teyrnasoedd y Ddaear'. Bu'n feirniad yn yr Eisteddfod Genedlaethol ac mewn gwyliau corawl eraill, ac ef a sefydlodd Undeb Corawl Cymreig Lerpwl. Yn 1873 cyhoeddodd *Aberth Moliant*. Bu farw 14 Tachwedd, 1874, a'i gladdu yn Lerpwl. Yr oedd yn dad i'r cerddorion John Ambrose Lloyd (1840-1914) a Charles Francis Lloyd (1852-1917). Mae pymtheg o donau J. A. Lloyd yn y *Caneuon Ffydd*.

**196** EIFIONYDD. M.10. (8.7.D.)

J. AMBROSE LLOYD.

Lah A. Doh C.

D.C.

Amen.

**422** *Tragwyddoldeb*

DYMA'R byd y mae taranau,
  Mellt, a chenllysg, daear-grŷn;
Yn y wlad 'r wy'n myned iddi
  Ni chaf wcled yno'r un;
Mynych ceir cystuddiau yma,
  Rhagluniaethau chwerwon iawn,
Ton ar ôl y llall yn rhuo
  O foreddydd hyd brynhawn.

Disgwyl pethau gwych i ddyfod,
  Croes i hynny maent yn dod;
Meddwl 'fory daw gorfoledd,
  'Fory'r tristwch mwya' 'rioed;
Meddwl byw, ac eto marw
  Yw'r ileferydd dan fy mron:
Bob yn ronyn mi rof ffarwel,
  Ffarwel glân i'r ddaear hon.

Tragwyddoldeb! mawr yw d'enw,
  Ti mae'n ddiau yw fy lle;
Huriwr un diwrnod ydwyf,
  Fry mae 'nghartref yn y ne';
Mae 'niwrnod bron â gorffen,
  Mae fy haul bron mynd i lawr;

Mae pob awel yn fy chwythu
  Tua'r tragwyddoldeb mawr.

W. WILLIAMS.

**423** *Gweddi am Bresenoldeb Duw*

PAM y caiff bwystfilod rheibus
  Dorri'r egin mân i lawr?
Pam caiff blodau peraidd icuainc
  Fethu gan y sychder mawr?
Tyred â'r cawodydd hyfryd
  Sy'n cynyddu'r egin grawn,
Cawod hyfryd yn y bore,
  Ac un arall y prynhawn.

Gosod babeli yng ngwlad Gosen,
  Tyred, Arglwydd, yno d'Hun;
Gostwng o'r uchelder golau,
  Gwna dy drigfan gyda dyn:
Trig yn Scion, aros yno,
  Lle mae'r llwythau'n dod ynghyd;
Byth na 'mad oddi wrth dy bobol
  Nes yn ulw'r clo'r byd.

W. WILLIAMS.

193

*Tôn: Eifionydd*

15

# Eifionydd

*Graig Goch, Pantglas*

Un o'r telynegion cyntaf â ddysgais ar gof yn fy arddegau yn yr ysgol oedd 'Eifionydd' gan R. Williams Parry (1884-1956), un o feistri y delyneg Gymraeg. Telyneg am brofiadau pridd y ddaear yw Eifionydd. Mae'n agor gyda gwrthwynebiad, –

> O olwg hagrwch Cynnydd
> Ar wyneb trist y Gwaith,
> Mae bro rhwng môr a mynydd
> Heb arni staen na chraith,
> Ond lle bu'r arad ar y ffridd
> Yn rhwygo'r gwanwyn pêr o'r pridd.

Ar y naill law, mae dyn a diwydiant a datblygiad, ar y llaw arall, mae'r ddaear. Yn yr ail bennill mae'n lleoli'r ardal ac yn dwysau'r cyferbyniad, yn dweud mwy amdano. Sylwch mor llwythog yw dwy linell gyntaf y pennill.

Draw o ymryson ynfyd,
Chworw'r newyddfyd blin,
Mae yno flas y cynfyd,
Yn aros fel hen win.
Hen, hen yw murmur llawer man
Sydd rhwng dwy afon yn Rhos-lan.

Mae 'blas y cynfyd' rhwng Dwyfor a Dwyfach, mae purdeb 'sblander bore'r byd' yn aros yma, cyn i 'ddau wareiddiad newydd' weddnewid yr ardal. Mae cymuned agos a natur yn rhywbeth gweledol i Williams Parry.

Yn y trydydd pennill crynhoir y sylw ar yr union fan lle caiff y bardd brofi blas Eifionydd lawnaf.

A llonydd gorffenedig
Yw llonydd y Lôn Goed,
O fwa'i tho plethedig
I'w glaslawr dan fy nhroed.
I lan na thref nid arwain ddim,
Ond hynny nid yw ofid im.

Gwna y 'to plethedig' i rhywun feddwl am nenfwd eglwys. Mae'r Lôn Goed yn lôn las rhwng coed nad yw'n arwain i unman yn bwrpasol. Mae hi hefyd yn ddelwedd gyfoethog am daith bywyd un na werthodd ei enaid i safonau. Pererindod oedd cerdded ar hyd y Lôn Goed i Williams Parry.

O! mwyn yw cyrraedd canol
Y tawel gwmwd hwn,
O'm dyffryn diwydiannol
A dull y byd a wn;
A rhodio'i heddwch wrthyf f'hun,
Neu gydag enaid hoff, cytûn.

Mae'r cwbled sy'n cloi yn ddiwedd addas i fyfyrdod y delyneg. Ond dechrau'r pennill olaf? Mae'r sôn am ddyffryn diwydiannol a chwmwd tawel yn bwrw'n ôl at y gwrthgyferbyniad yn y ddau bennill cyntaf, mae'n wir. Maen't yn ail adrodd, ond heb ychwanegu. Ond roedd yna fersiwn arall, cynharach na'r un a geir yn *Cerddi'r Gaeaf* (1952) – un grymusach ei rythm a'i gynnwys.

Can's daear, dŵr ac awyr
Eifionydd yw fy hedd;
Clywed ei su a'i sawyr
Ac edrych ar ei gwedd;
A rhodio'i thegwch wrthyf f'hun,
Neu gydag enaid hoff, cytûn.

Y pennill gwrthodedig hwn sy'n cloi 'Eifionydd' yn llwythog ac yn gyflawn. Cyflawnder telyneg, ac addasrwydd llwythog a llawn-awgrym pob rhan ohoni, yw llinyn mesur ei rhagoriaeth.

Yr awdur / Bedwyr Lewis Jones
(*Cerddi'r Gaeaf* gan R. Williams Parry, 1952)

# Y Lôn Goed

Ymddolenna'r Lôn Goed fel neidr trwy ganol 'Dôl aur Cymru', ys dywed Cynan. Geilw rhai hi'n 'Ffordd Maughan' am mai gŵr o'r enw hwnnw, John Maughan, a fu a'r rhan fwyaf yn ei gwneud.

Cychwynna o fewn rhyw hanner milltir i gapel enwog Brynengan, yn y gogledd, gan derfynu yn agos i'r un pellter o orsaf Afonwen yn y de, mewn lle o'r enw y Ffridd Lwyd, ar fin y ffordd sy'n arwain o Borthmadog i Bwllheli. Amgylchir hi gan goed uchel a chryfion, a thu allan i'r coed ceir ffosydd dyfnion.

Goruchwyliwr ystad Syr Thomas Mostyn oedd John Maughan, yn ardaloedd Eifionydd (Plas Hen), ac yr oedd teulu Mostyn yn berchen ar rannau helaeth o Lŷn ac Eifionydd yn y cyfnod hwnnw. Brodor o Northumberland ydoedd John Maughan, ac yr oedd yn ŵr caredig ac anturiaethus. Daethai i'r oruchwyliaeth yn 1817 a therfynu ei gysylltiad â hi yn 1833.

Rhyw hanner milltir o'r Gaerwen (fferm) croesa'r ffordd y rheilffordd gerllaw Rhosgyll Bach, tua hanner y ffordd rhwng gorsaf Llangybi a'r Ynys. Mae'r Lôn Goed tua deuddeg llath o led, ac y mae amryw farnau ar y bwriad gwreiddiol o'i gwneud.

Barnai rhai mai'r nod oedd prydferthwch, ac eraill mai calonogi ceffylau wrth dynnu llwythi trymion. Dywedir y bydd ceffylau yn digalonni os gwelant ffordd hir ac union.

Myn eraill fod ym mwriad Mr Maughan fyned a'r ffordd ymlaen i gyfeiriad Pant Glas, ac felly gysylltu ffordd Pwllheli a ffordd Caernarfon ond bod rhai o'r tirfeddianwyr wedi ei rwystro i fynd ymlaen. Y farn sicraf yw iddo ei gwneud er hwylustod i'r amaethwyr i ddwyn eu cynhyrchion i gyrraedd y marchnadoedd a'r ffeiriau.

Credir i'r gwaith o wneud y ffordd gychwyn yn 1819. Yn ôl pob tystiolaeth aeth y gwaith ymlaen hyd 1828. Dywedir y byddai chwech o ddynion ar bob ochr i'r ffordd yn agor y ffosydd, ac eraill yn plannu'r coed. Y cyflog oedd 5 swllt y rhwd (wyth llath) a disgwylid i bob gweithiwr wneud rhyw fesur neilltuol bob dydd, a thybir y byddai pob un yn torri dau rwd yr wythnos, ac ystyrid 10 swllt yr wythnos o gyflog yr adeg hynny yn gyflog da.

Bu'r Parch. Moses Jones yn gweithio ar y ffordd am gyfnod, a dywedir mai hyd corff Moses Jones oedd dyfnder y ffosydd i fod.

Pan fu farw Syr Thomas Mostyn yn 1831 yr oedd wedi mynd i ddyled fawr, a phan grybwyllodd Mr Maughan rai awgrymiadau i wella'r ystad wrth

*Y Lôn Goed*

rai o'r etifeddion, gorfu iddo ymadael, a dyna o bosibl, y rheswm na chwpwlawyd y Lôn Goed yn ôl y cynllun gwreiddiol.

William Hughes
(Addaswyd o'r *Herald Cymraeg*, Gaeaf, 1953/54)

## Y Lôn Goed
'Merch Madog'

Neithiwr, dan des y gwanwyn,
Fe'i troediais ar ei hyd,
A theimlo'r hen gyfaredd
Sydd yn ei heddwch mud.

Dwy res o ffawydd preiffion
O'r balch gadernid gynt,
Ac ambell griafolen
Yn plethu yn y gwynt.

Ystôr o flodau gwylltion –
Harddach na gerddi'r plas –
Clystyrau o friallu
A llawer cloch fach las.

Heibio i dir y Gaerwen,
A'r Betws ar y dde,
A blasu'r hud gwefreiddiol
Sy'n aros yn y lle.

Pwy oedd y gŵr a'i lluniodd
Nis gwn, na dim o'r son;
Pwy bynnag oedd, gadawodd
Ryfeddod lond y lôn.

Anhysbys (*Cymru*, Hydref, 1961)

## Y Lôn Goed

Hardd yn Mai yw henffordd
Maughan – a'i llonydd,
A'i llwyni mor dlysion
Y nefoedd fach yn Eifion,
Mae hen hud i mi yn hon.

Cefn-ffordd Maughan drwy
Eifionydd – sy'n aros
Yn iraidd ei choedydd,
A llu'n mwynhau ei llonydd
Ei swyn yn anferol sydd.

Rhwng Afon Wen a'r Cennin – dolenna
Dy 'lonydd' di-lychwin,
A chaiff llawer pererin
Yn dy hedd ryw ryfedd rin.

John Alun Williams
Nant Cwmbran, Pantglas (1978)

# Y FFÔR

## Ceridwen Peris

*Ceridwen Peris*

Un o Lanberis, Arfon, oedd Ceridwen Peris, neu Alice Gray Jones i roi ei henw bedydd. Roedd John Elias o Fôn, â aned yn Brynllwyn Bach (Crymllwyn Bach) ger Rhos-fawr, yn gefnder i'w nain, mam ei thad. Treuliodd Ceridwen Peris gyfnod ym mlynyddoedd cynnar ei bywyd fel athrawes drwyddedol yn Ysgol Dolbadarn, Llanberis. Daeth i amlygrwydd cenedlaethol drwy gydol ei hoes faith am ei gwaith yn ymwneud â dirwest a moes. Hi oedd un o sylfaenwyr Undeb Dirwestol y Merched, a bu'n gadeirydd ac arweinydd doeth a diogel iddo. Anerchodd lawer o gyfarfodydd a chymanfaoedd dirwestol led led Cymru. Bu hi hefyd yn olygydd *Y Gymraes* a chyhoeddodd lyfrau fel *Caniadau Ceridwen Peris*, a hefyd *Basgediad o Hanesion*, ynghyd a nifer o lyfrau i blant.

Yn 1881 priododd â'r Parch. William Jones, M.A. (1846-1925), â aned ym Mhandy Saethon, Nanhoron, Llŷn, mab i William a Laura Jones. Addolai'r teulu yng Nghapel y Nant, Nanhoron, lle roedd ei dad yn flaenor. Ordeiniwyd William Jones ym Mangor, yn 1877. Cafodd ei anfon gan y Cyfarfod Misol i Enlli a hefyd i Nant Gwrtheyrn. Yn 1880 daeth yn weinidog i Ebeneser M.C., Y Ffôr. Gwnai ei gartref yn Hafod Lôn, Y Ffôr, a phan briododd y flwyddyn dilynol symudodd ef a'i briod i Glanrafon Terrace yn yr un pentref. Ganwyd iddynt dri o blant: Larsing, Taliesin Gray a Lora.

Roedd Ceridwen Peris yn siaradwraig cyhoeddus benigamp. Am ei llafur dros les cymdeithasol fe'i anrhydeddwyd a'r O.B.E. Dau ymroddgar o blaid y Deyrnas fu hi a'i phriod. Er bod y ddau yn adnabyddus drwy Gymru, yn y Ffôr y gwnaethant eu gwaith mawr. Bu William Jones yn weinidog yn Y Ffôr o 1880 hyd 1919, cyfnod o bron i ddeugain mlynedd, a dim ond un flwyddyn yn llai a dreuliodd Ceridwen Peris yno. Ar ôl i'w phriod ymddeol o'i ofal bugeiliol symudont i Gricieth i fyw ac ymaelodi yng Nghapel Seion M.C. Bu Ceridwen Peris farw dydd Sadwrn, 17 Ebrill, 1943, yng nghartref ei merch,

Mrs Lora E. Powell, 20 College Road, Bangor, yn 90 mlwydd oed. Claddwyd hi a'i phriod ym Mynwent Chwilog.

## Fy Annwyl Gymru Lon

O fy mam wlad; Ti yw testun
Hyn o gerdd o'r fynwes hon,
Mae'th brydferthion yn fy nilyn
Nes creu hiraeth dan fy mron;
Nid oes fangre ar y ddaear
All gystadlu a thydi,
Nid oes allu byth all ysgar
Rhyngot ti a nghalon i.

Os mai bychan yw'th afonydd –
Digon bach i ganu cân,
O mor hyfryd gyda'r hwyrddydd
Fyddai rhodi'o glennydd glân;
Gwrando swynol fawl yr adar
Yn nhawelwch gyda'r nos;
O ryw nefoedd ar y ddaear
Ydyw byw yng Nghymru dlos.

Y mae copa dy fynyddoedd
Yn hoff gyrchfan er erioed,
Dringo'r Wyddfa, fel llaweroedd,
Bum yn heinyf iawn fy nhroed;
Gwrando bugail, uwch cymylau
Yn chwibanu'r hen Lwyn Onn, –
O mae hiraeth yn dwyn dagrau
Am fy annwyl Gymru lon.

Ceridwen Peris

# Tlws Cawrdaf

Ers ychydig yn ôl, rhoed yn fy llaw ddarn o lythyr wedi ei ysgrifennu gan fy hen gyfaill 'Namorydd' o Ddeheudir Cymru Newydd, Awstralia. Yr oedd yn gyfeiriedig at ei rieni, a chefais innau ef, gyda'r amcan o egluro y nodiad canlynol a gynhwysai, –

*Gwilym Cawrdaf*

"Bum yn Sydney dros y rhan fwyaf o'r wythnos ddiwethaf. Un boreu tra yn cerdded drwy un o ystyrydoedd y ddinas honno, daethum gyferbyn a siop pawn-broker. Yn ffenestr y faelfa gwelais Ariandlws (silver medal) ac arno y geiriau hyn, –

CYMMRODORION POWYS,
Cyflwynedig i
WILLIAM E. JONES,
Am ei Gywydd ar 'Oresgyniad Môn,'
Medi 2, 1824
Cynddaredd dyn, rheola Dduw.

Ar yr ochr arall, y mae cerfwaith ysplenydd yn arddangos ymladdfa rhwng y Rhufeiniaid a'r Derwyddon.

Nid oeddwn yn hitio rhyw lawer gweld yr hen fedal yn y fan ryfedd honno. Aethum i mewn a gofynnais ei bris. Cefais ef yn y diwedd am bymtheg swllt.

A fyddwch chwi mor garedig a gwneud ymholiad parthed iddo? Mae yn sicr gennyf fod iddo hanes rhyfedd.

Mae'n fedal rhagorol, ac yn waith ardderchog; aethum allan o'm llwybr y boreu hwnnw – mae'n debyg yn rhagluniaethol, i waredu'r hen dlws Cymreig."

Canfyddais ar unwaith mai y bardd awenyddol Cawrdaf ydoedd y William E. Jones, ei berchennog.

Hannai 'Gwilym Cawrdaf' o Tyddyn Siôn, Y Ffôr. Ganed ef 9 Hydref, 1795, ac ymhen yr wythnos bedyddiwyd ef yn Eglwys Cawrdaf, Abererch, yn William Ellis Jones. Oddi wrth Eglwys Abererch y cymeroedd ei enw barddonol, Gwilym Cawrdaf. Brodorion o'r Bontddu, Meirionydd oedd ei rieni, Ellis a Catherine Jones. Bu ei dad yn yr un ysgol a Goronwy Owen o Fôn, ym Mhwllheli, ac yn ysgolfeistr yn eglwys Llanarmon, ac yn eglwys Nefyn ar ôl hynny, ac yn ôl eilwaith i Lanarmon. Aelodau gyda'r Methodistiaid Calfinaidd oedd rhieni Cawrdaf. Y maent wedi eu claddu ym mynwent Llanbeblig, Caernarfon.

Cafodd Cawrdaf gyfle addysg well na'r cyffredin. Aeth i Ddolgellau yn 12 oed i ddysgu crefft argraffydd yn swyddfa'i gefnder, Richard Jones, 'Rhydderch Gwynedd' (1787-1835). Yn y swyddfa honno yr argraffwyd rhifyn cyntaf *Yr Eurgrawn Wesleaidd*, yn Ionawr, 1809. Yn ystod y tymor hwnnw dechreuodd gymeryd diddordeb mewn arlunio bro (landscape painting). Tua 1814-15 symudodd i Gaernarfon i weithio yn swyddfa argraffu cefnder arall iddo sef W. E. Jones. Ymaelododd â Chymdeithas yr Eryron a sefydlwyd yn 1816, yn Bontnewydd, a daeth o dan ddylanwad 'Dafydd Ddu Eryri', a dyna'r adeg y cafodd ei enw barddonol, Gwilym Cawrdaf. Yn haf 1817 aeth i Lundain ac yn gwmpeini i ŵr bonheddig ar daith i'r Cyfandir. Dewiswyd ef oherwydd ei allu fel arlunydd, a bu'n teithio drwy Lydaw a'r Eidal. Dyma'r hyn a ddywed am ei ymweliad â Vesuvius, y mynydd tanllyd, mewn erthygl yn 1897: "Yn un rhan o'r gwastadedd oedd o'n blaen yr oedd tyrrau cyffelyb i weithfeydd gwydr, y rhai a fygent ac a luchient allan dalpiau o ryw sylweddau tanllyd, pa rai a ddisgynent i'r un safn rhwth drachefn nes oedd y palmant pygddu o'n hamgylch yn crynu; ac nid â yr olwg ar fynydd Vesuvius byth o'n cof." Bu wedyn yn synnu at geinder trefi a choed a gwyryfon Yr Eidal: gwelodd degwch a ffolineb yn Ffrainc hefyd; a da fu ganddo ddod yn ôl i dawelwch syml ei wlad.

Ar ôl dychwelyd i Gymru ymgeisiodd am Gadair Eisteddfod Powys, 1820, am awdl ar 'Hiraeth Cymro am ei wlad mewn bro estronol.' Dyma ddyfyniad o'r awdl honno...

Ystyriwch mewn tosturiaeth – y gofid
A gefais ar fy ymdaith;
Yn ysig lawer noswaith,
A'm gorweddfa'n foddfa faith,
Yn wylo, ar ddwy law ar led,

Am gynnes fro y'm ganed:
O! na chawn, mewn llonach hwyl,
Droedfedd o Wynedd annwyl!

Yn 1822 cipiodd y gadair am awdl ar 'Rhaglywiaeth Siôr y 4ydd' yn Eisteddfod Daleithiol Aberhonddu, a'r flwyddyn dilynol enillodd galon merch o Feirion. Aeth yn ôl i'r gwaith argraffu gyda'i hen feistr, Richard Jones, Dolgellau, fel golygydd. Yn Ionawr, 1824, symudodd gyda'i deulu i Gaerfyrddin i ddilyn swydd yn swyddfa Seren Gomer, cylchgrawn y Bedyddwyr.

Yn fuan ar ôl hynny, ymunodd Cawrdaf â'r Wesleaid, a ni bu'n hir cyn dechrau pregethu. Daeth i Wynedd am y tro olaf yn 1832 pryd y bu i'r Frenhines Fictoria ei anrhydeddu â bathodyn ym Miwmaris am gywydd yn yr eisteddfod. Claddodd ei ferch fach, Lowri Lloyd yng Nghaerfyrddin, a bu'n hiraethu amdani fel Goronwy Owen am Elen, a Robert ap Gwilym Ddu am Sian.

Cyhoeddodd gyfrol o ryddiaeth, *Y Bardd neu y Meudwy Cymreig* (1830) sef hanes teithiau dychmygol i wahanol rannau o'r byd. Bu'n byw am gyfnod yn y Bontfaen, Morgannwg, cyn dychwelyd i Gaerfyrddin, ac yno y bu ef farw o'r darfodedigaeth 27 Mawrth, 1848. Claddwyd ef ym mynwent Eglwys San Pedr, Caerfyrddin.

Yn y *Gwyliedydd Wesleaidd* am Medi, 1823, ceir hysbysiad am werth gwreiddiol y tlws ymysg rhestr y testynau, –

**EISTEDDFOD POWYS**
(1824)

2.  Ariandlws o werth dau gini, a gwobr o bum gini, am y Cywydd goreu ar 'Oresgyniad Ynys Fôn, gan Seutonius Paulinus, a'r effeithiau canlynol o'r unrhyw, ac yn y blaen.'

Wele y feirniadaeth – 'Yr oedd tri o ymgeiswyr. Yr oedd y ddau gyntaf yn dilyn yr hanes yn rhy gaeth, ond y trydydd a ollyngasai y ffrwyn ar war ei awen nes ffurfio rhagdraeth naturiol o'r testun, yr hwn a adroddai mewn cynghanedd esmwyth a llithrig. Y mae ei alluoedd darluniadol yn helaeth. Ei ddisgrifiad o olygfa y tir, a chymylau eur-gnu yr awyr yn cael eu hadlewyrchu yn nyfroedd Menai, a'u dynodiant yn Fardd anian; a'r llinellau hynny, pe na buasai yn ei Gywydd orchestion eraill, oeddynt yn ddigon i ennill y wobr iddo.'

Ar gyfartaledd, rhoddodd 'Namorydd' swm lled dda am hen dlws ail-law Cawrdaf, – ond ei werth hanesyddol a setla y pwnc.

Rhyfedd y tarawiad, ddarfod i dlws yr hwn a ganodd mor dda ar 'Hiraeth Cymro yn ei wlad mewn bro estronol' gael ei gludo dros y moroedd i Awstralia bell, ac iddo fyned ar ddisperod nes syrthio i balfau 'llewod y byd hwn.' Ond daeth gwaredigaeth ragluniaethol i'w ran, y mae yn awr yn meddiant gŵr yn caru y wlad a'i magodd, a phwy a ŵyr na welir ef eto yn yr Amgueddfa Genedlaethol y soniai yr aelod anrhydeddus dros Feirion amdani yn ei anerchiad at ei etholwyr.

Carneddog, Nantmor, Beddgelert
(*Cymru*, Ionawr, 1893)

*Ganed Richard Griffith ('Carneddog') yn y flwyddyn 1861 ar fferm fynyddig y Carneddi, Nantmor, Beddgelert. Carneddog oedd yr wythfed o naw plentyn Morris (m. 1881, yn 66 oed) a Mari Griffith (m. 1887, yn 67 oed). Yn 1889 priododd â Catrin, merch hynaf Cadwaladr a Catherine Owen, Gelli'r Ynn Uchaf, Nantmor. Ffarmwr oedd galwedigaeth Carneddog a bu Catrin yn gweithio fel melliner mewn siop ym Mhorthmadog. Dechreuodd ysgrifennu i'r wasg Gymraeg tua 1881 gan gynnwys Baner ac Amerau Cymru, Y Genedl, a hefyd Yr Herald Cymraeg. Ymddangosodd llu o erthyglau ganddo yn Cymru, O. M. Edwards ar bynciau fel: Cymru'r Beirdd, Hen Ysgolfeistri Cymru, Hen Lyfrau Plwyf, Hen Gymeriadau Beddgelert, a Mwynfeydd yr Eryri. Cyhoeddodd tua 13 o gyfrolau, nifer ohonynt o'i waith barddonol ei hun megis: Ceinion y Cwm (1891), Y Garnedd Aur (1904) ac O Greigiau'r Grug (1930). Yr oedd yn ffrind mynwesol i rhai fel Bob Owen, Croesor; Eifion Wyn, Gwallter Llyfni (Walter Sylvanus Jones) ac O. M. Edwards. Bu farw Carneddog a'i briod yng nghartref eu mab Dic, yn Hinckley, Carneddog ar 24 o Fai, 1947, a Catrin ar 13 Chwefror, 1951. Claddwyd y ddau ym Mynwent Beddgelert.*

*Ymfudodd 'Namorydd', sef Thomas Jones, o ardal Nantmor yn 1884. Bu farw yn Awstralia yn 1939.*

# Plenydd

Enw adnabyddus trwy Gymru oll oedd yr uchod. Bu ar y llwyfan dirwestol am drigain mlynedd, ac fel areithydd huawdl ac argyhoeddedig yr oedd yn ddigymar.

Ganwyd Henry Jones Williams (Plenydd) yn Y Ffôr, 27 Gorffennaf 1844, yn fab i Watkin ac Ann Williams, Siop. Roedd ei dad yn flaenor gyda'r Methodistiaid Calfinaidd (m. yn 1860, yn 39 mlwydd oed), ac roedd ei daid hefyd yn un o flaenoriaid cyntaf yr achos yn Y Ffôr. Traddododd Plenydd ei araith cyntaf mewn capel pan yn 14 oed. Cafodd ei ddewis i arwain y canu yn ei gapel ymhen blwyddyn wedyn, a pan oedd tua 17 oed dewiswyd yntau yn flaenor. Mae'n rhaid fod yna rhywbeth arbennig ynddo fel bachgen cyn y buasai yr hen bobl, oedd mor ofalus i gadw i fyny urddas y swyddi eglwysig, yn caniatáu i'w ddewis. Mewn hen Ddyddiadur Dirwest oedd yn perthyn i Ebeneser (M.C.), y Ffôr, am y flwyddyn 1847, ceir yr enwau canlynol: Ellen Jones, Siop; Watkin Williams, Siop; Anne Williams, Siop ac yn y blaen, nain a rhieni Plenydd (yr oedd ei daid wedi marw cyn hynny). Pe buasai plant wedi cael rhoi eu henwau i lawr yn y llyfr, yn sicr byddai enw Henry, y bachgen tair mlwydd oed, i lawr. Cymaint oedd sêl dirwestol y teulu hwnnw.

Yn fuan ar ôl ei ddewis yn flaenor, aeth i Bangor at Dr R. Thomas, y meddyg esgyrn enwog, gan fwriadu meistrioli'r gelfyddyd hono, ond ni fu yn hir yno cyn dychwelyd i'w bentref genedigol, ac ymsefydlodd fel masnachwr yno. Ychwanegodd at y siop gyffuriau meddygol, a daeth y lle yn gyrchfan i'r ffermwyr, i gael cyngor, a chyffur, pa un bynnag ai dyn neu anifail fyddai mewn angen. Erbyn hynny yr oedd canu ac areithio wedi rhoi gormod o fywyd ynddo i aros mewn siop. Byddai galwadau mynych amdano mewn Cyfarfodydd Llenyddol, Dirwestol a Cherddorol.

Cychwynnodd Eben Fardd, Clynnog, gyfres o gyfarfodydd llenyddol, y rhai oedd fewn cyrraedd i Plenydd, ymroddodd gyda hwy, ac enilloedd amryw o wobrwyon ynddynt. Bu ar ôl hynny am 12 mlynedd yn olynol yn arwain Gŵyl Flynyddol y Sulgwyn yng Nghlynnog ac am fwy na hynny yn hwyluso pethau yng Ngŵyl Nadolig Penllyn.

Pan ddaeth y don o frwdfrydedd dirwestol – y 'Good Templars' fel y gelwid, gwelwyd ynddo drefnydd a darlithydd penigamp. Penodwyd ef i swydd ar unwaith, ac erbyn tua 1879 yr oedd yn Deilwng Brif Demlydd. Bu mor llwyddianus gyda'r gwaith hwnnw, fel y penodwyd ef yn 1884 yn arolygydd gwaith dirwestol dros yr 'Alliance' yng ngogledd Cymru ac ardaloedd Cymreig yn Lloegr. Yn y gwaith hwnnw y treuliodd ac y cysegrodd ei dalentau amrywiol a disglair, gan deithio bob wythnos drwy'r blynyddoedd maith, sef tua deugain mlynedd yn ceisio codi'r tlawd o'r llwch, a llawer i feddwyn o'r domen. Ymneilltuodd yn 1924 wedi trigain mlynedd o lafur cyson, ac wedi derbyn cannoedd o lythyrau oddi wrth y rhai â achubwyd o grafangau anghymedroldeb.

Mr Henry Jones Williams, (Plenydd)
Llun: Trysorfa y Plant
Chwefror 1909

Yn 1867 priododd Plenydd ac unig ferch Owen Owens, masnachwr coed, Porthmadog. Ganwyd iddynt naw o blant. Bu saith ohonynt farw cyn y flwyddyn 1909, gan adael dim ond dau yn fyw wedi hynny sef Ap Plenydd yr hynaf o'r ddau, oedd yn cadw masnach ei daid ym Mhorthmadog, ac yna Frank fu'n ffermio ar yr aelwyd yn Hafod Lon, Y Ffôr.

Fel hyn y dywed Ceridwen Peris (1853/1943), y ddirwestwraig hynod a dreuliodd flynyddoedd yn Y Ffôr, pan oedd ei phriod, y Parch. William Jones (1846/1925) yn weinidog Ebeneser yno, amdano yn *Y Cyfaill*, 1925 (U.D.A.): 'Yr oedd yn hardd o ran personoliaeth, golwg foneddigaidd arno, a'i wedd yn hynaws. Yr oedd ganddo grebwyll (dychymyg) bardd, coethder iaith y llenor, ac ystôr o wybodaeth y llyfrbryf, nid ar faterion dirwestol a gwladol, ond byddai yn lloffa ymhob maes, ac yr oedd enghreifftiau, cymariaethau, ac ystoriau ganddo wrth law dim ond mynd i'w nhôl, megis. Yr oedd yn feistriolgar fel actor – wrth

Hafod Lon, Y Ffôr

28

*Siop yr Hafod, Y Ffôr*

ddisgrifio, gwnai yr hanesyn mor fyw, a chodai i'r fath huawdledd – taniai mewn brwdfrydedd wrth ddod a'r wers adref, nes oedd yn anorchfygol.'

Gwerthfawrogwyd ei waith ar sawl achlysur gan ei gyfeillion. Bu lluniau ohono ef a'i briod yn hongian ar furiau ei gartref yn Hafod Lon am rhai blynyddoedd, a chafwyd sawl llyfr yn anrheg. Pan dorrodd ei iechyd i lawr, caredigrwydd cyfeillion a'i hanfonodd am fordaith i Fôr y Canoldir i geisio cael gwellhad. Y tro olaf i'w gyfeillion arddangos eu hedmygedd tuag ato oedd mewn cyfarfod ym Mhwllheli, ym mis Medi, 1925, pan gyflwynwyd iddo rodd o £250. Bu ef farw bore Gwener, 27 Awst y flwyddyn honno, yn 82 mlwydd oed.

## Plenydd

Servant of Truth – thy sword in honour sheathed,'
The crimson hilt hath cleaved with dauntless might,
And captive hosts the joy of freedom breathed
By thy strong arm resistless for the right.
The warrior's armour thou did'st not defile,
Infiercest combat e'er with knightly stride –
Against the treason that would man beguile –
A kingly court acclaimed thy kingly pride.
Oft many a tear thy kindly pleading stayed
Shall long bedew the flow'rets on thy tomb;
And many a trustful home by thee allayed
To thy long home in thought beholden come.
In laurel shade beneth un-settling sun
Sweet is thy peace, – the crown of victory won.

T. T. LUCIUS MORGAN          *The Welsh Outlook*, 1926

## Ar Noson Oer

Y nen glir, lem, a dremia, – gan fwrw
Gwyn farrug o'i chuddfa;
Daw ias fain oer, dros fin o ia, –
Blaenorydd y bluen eira.

Plenydd

*Daeth H. Garrison Williams, L.G.S.M., Chwilog, â fu farw yn 1998, sef mab Francis (Frank) Goronwy Williams, yn olynydd teilwng i'w daid, Plenydd, un arall i ychwanegu at linach blaenoriaid Ebeneser M.C., Y Ffôr, a phregethwr cynorthwyol. Cofir amdano fel cerddor yn bennaf, yn arweinydd cymanfaoedd, yn feirniad a cyfansoddwr cerddoriaeth. Cyhoeddwyd nifer o'i emyn-donau yn Netholiadau y Methodistiaid Calfinaidd. Yr oedd ef hefyd yn hoff o brydyddu. Ar ôl gadael yr ysgol bu Garrison Williams yn cynorthwyo ei dad yn Siop yr Hafod, Y Ffôr. Yn ddiweddarach bu'n ddyn yswiriant, yn athro ac yn brifathro yn Nhudweiliog, Llŷn. Yn y flwyddyn 2000 cyhoeddwyd Cerddi'r Cerddor sef cyfrol o'i farddoniaeth gan Mrs Edith Wyn Williams ei weddw.*

# LLWYNDYRYS

## Fferm Llwyndyrys

*Fferm Llwyndyrys*

Yn y ffermdy enfawr hon yr oedd cartref Collwyn ap Tango, Arglwydd Eifionydd. Roedd yn sylfaenydd un o bymtheg llwyth Gwynedd. Un arall a fu'n byw yma oedd Richard Vaughan a weithiai i'r brenin ac a oedd yn ymlid Catholigion. Bu'n ymladd Catholig enwog iawn o'r ardal sef John Owen, Plas Du a arferai fynd i gyfarfod Catholigion eraill o wahanol rannau o Brydain yn rheolaidd.

Fferm geffylau enwog oedd Fferm Llwyndyrys erstalwm a gwelir hyn o garreg farch sydd y tu allan i'r tŷ. Pery'r traddodiad hwn gan enwau caeau ar y fferm sy'n cynnwys enwau fel 'Cae Cesyg' a 'Cae Stalwyn'.

Yn y tŷ (ail ganrif ar bymtheg cynnar), ceir 'uffern' o dan y grât yn y gegin fyw. 'Uffern' oedd yr enw a roddid ar dwll o tua hanner metr o ddyfnder o dan grât y tân, fel y gallai lludw o'r tân ddisgyn iddo heb wneud llanast. Clirid y lludw oddi yno a berfa unwaith bob tri mis. Erstalwm, arferai cywion ddod i'r 'uffern' i gael eu magu am ei bod hi'n gynnes a chlyd yno. Dywedir mai dyma yw tarddiad y dywediad 'Cyw a fegir yn uffern, yn uffern y mynn fod'.

Ar y wal yn y parlwr, ceir arfbais Collwyn ap Tango, sef tair pluen. Arferai tri fod yno, ond tynnwyd dau i lawr mewn cymgymeriad.

(Owain Siôn, Hen Felin, Llwyndyrys, Eisteddfod Garndolbenmaen, 1999
Enillodd Dlws yr Eisteddfod i rai dan 25 oed)

*Gŵr ifanc talentog yw Owain Siôn, M.A., B.A. mab i Richard a Marian Williams, Hen Felin, Llwyndyrys. Addysgwyd yn ysgolion Bro Plenydd, Y Ffôr a Glan y Môr, Pwllheli, ac yna Coleg Prifysgol Cymru, Bangor. Bu'n cystadlu yn y byd cerddorol ers pan oedd yn blentyn gan gynnwys y Brifwyl Genedlaethol droeon. Bu'n aelod o Gôr CF1, Caerdydd, a hefyd yn arweinydd côr cerdd dant. Mae'n byw yng Nghaerdydd ac mae'n athro yn Ysgol Glan Taf.*

## Llwyndyrys, gerllaw Pwllheli

'Rhyw flwyddyn ryfedd ar grefydd oedd y flwyddyn ddiweddaf; blwyddyn y cafodd miloedd eu geni yn Seion; ond yr ydym yn meddwl nad ydyw y peth a wnaed y flwyddyn o'r blaen ddim ond ernes o'r peth a wneir y flwyddyn hon. Pa fodd bynnag, ni a roddwn ychydig hanes am yr achos yn Llwyndyrys. Y blynyddoedd a aeth heibio, yr oedd yr eglwys mewn cyflwr gwir beryglus, ac yng ngolwg llawer nid oedd dim yn ei haros ond dinistr. Yr oedd clywed am y Diwygiad mawr yn America yn creu rhyw awydd ynom ninnau am gael ei gyffelyb. Ac yn fuan fe glywem ei fod yn Sir Aberteifi, yn nes atom; ac wedi hynny fe glywem ei fod yn y Waenfawr, gerllaw Caernarfon; ac oeddym fel yn ei ddisgwyl oddiyno atom ni; ond fe aeth ein disgwyliad yn ofer, wrth ddisgwyl o'r ddaear yn lle o'r nefoedd. Eithr yr ydym yn meddwl i ni yn y misoedd diwethaf o'r flwyddyn o'r blaen fyned i'r iawn fan. Ac ar nos y 13eg o Tachwedd, fe dywalltodd yr Arglwydd ei Ysbryd mewn modd rhyfeddol arnom, hyd nes yr oedd y gynulleidfa yn toddi fel cŵyr o flaen y tân; ac y mae wedi ychwanegu at yr eglwys fechan oddeutu 58, ac ychwaneg o lawer o rai dan bedair ar ddeg oed; ac yr ydym yn gobeithio eu bod i gyd yn rhai cadwedig gan yr Arglwydd. Yng ngwyneb awelon hyfryd yr adfywiad, yr oedd pob anghydfod yn cilio fel us o flaen y gwynt.'

Dafydd ap Evan

(*Y Drysorfa*, Mai 1860)

# PENCAENEWYDD

## Eifion Hugh Davies (Is-Gonsul)

*Eifion Hugh Davies*

Ganed Eifion H. Davies ar fferm Cae'r Tyddyn, Pencaenewydd, yn 1890, yn fab i Hugh a Hannah Davies. Yr oedd yn ddisgynnydd i'r Parchedigion Robert Roberts, Clynnog; Morris Williams ('Nicander'), Llangybi; a Michael Roberts, Pwllheli. Bu ei dad yn un o ddisgyblion Eben Fardd, ac yr oedd H. Tudwal Davies ('Tudwal') o Lwynhudol yn frawd iddo.

Addysgwyd Eifion H. Davies yn Ysgol Llangybi. Bu am bedair blynedd ar ôl hynny yn Ysgol Plastirion, ar gwr tref Pwllheli, ac ar ôl iddo ef basio'i arholiadau aeth yn ei ôl drachefn i Langybi fel athro.

Yn 1907 ymunodd â llinell Cwmni Llongau Elder Demptser, Lerpwl, cyfnod pan oedd Syr Alfred Jones yn bennaeth ar y llinell. Bu yno am bedair blynedd, â'i i Gapel Anfield Road ar y Sul, ac ymunodd â'r Y.M.C.A.

Bu'n gyfrifydd i'r un cwmni yn Montreal, Canada, o 1912 i 1918. Yr adeg honno, roedd yn efrydu yn ei oriau hamdden ym Mhrifysgol McGill, Montreal. Yn 1918 enillodd arholiad cystadleuol, a phenodwyd ef ar staff Cenhadaeth Rhyfel Llywodraeth Canada, oedd a'i swyddfa yn Washington D.C.

Y flwyddyn ganlynol fe'i penodwyd yn bro-consul yn llysgenhadaeth Prydain yn Los Angeles, California, ac yn 1924 fe'i gwnaed yn is-gonsul yno. Dyrchafwyd ef drachefn yn is-gonsul yn y Llysgenhadaeth Cyffredinol yn San Francisco ym mis Medi, 1930. Ef oedd un o'r prif siaradwyr yng nghyfarfod Gŵyl Ddewi Cymmrodorion San Francisco yn 1934 pryd y daeth 300 o gymmrodorion i wrando arno.

Dychwelodd yn ei ôl i Gymru ar ddiwedd y 1930au wedi i'w frawd

Gwynedd, ffermwr yn Eifionydd, gael ei ladd wrth yrru ei dractor. Roedd Eifion Hugh Davies yn ddi briod ac yn byw gyda'i chwaer Mrs Helen Bonner Roberts, Edrin, Llwynhudol. Bu farw 1 Rhagfyr, 1981, yn 92 oed, ac fe'i claddwyd ef ym Mynwent Capel Helyg, Llangybi.

## Pencaenewydd

Ar fy ymweliad achlysurol â Bro Eifion, tueddid fi yn fawr i gael golwg ar fannau yr oeddwn mor gynefin â hwy yn adeg fy maboed. – y llanerchau hynny mae adgofion amdanynt mor annwyl gennyf. Safwn ar godiad tir uchel, a thaenai prudd-der drosof wrth dremio yma ac acw, a gweled yr hen afon yn ymddolennu yn araf odditanof, yr anedd-dai yn yr un man, y caeau heb ond ychydig o wahaniaeth, a'r Garn Bentyrch fel rhyw wyliwr yn dyrchafu ei phen i'r nef fel yn gwylio'r cyfan. Ond ple mae hen drigolion yr ardal dawel? Ie, pa le maent hwy? Wedi myned o un i un i'r anadnybyddus; a dim ond ychydig yn aros, ambell un o'm cyfoedion yma ac acw ar hyd yr ardal, ac eraill wedi eu gwasgaru fel fy hunan ar hyd a lled y byd. Wedi rhoddi arllwysiad i'm teimlad fel hyn, dof yn ôl, gan syllu ar y gwahanol leoedd yn ddiddorol i mi.

Odditanaf mae hen ffermdy Pentyrch Isaf, a gofir yn hir fel cartref Isaac Morris (1764-1848,) un yr oedd ei enw mor annwyl gan rai oedd yn ei gofio, dyn o flaen ei oes fel rhifyddwr. Yr oedd ym Mhentyrch Isaf lawer deial o'i waith, ple bynnag maent yn awr. Yr oedd deial ar lun croes o'i waith ar dalcen hen gapel Pencaenewydd oedd yn gywir hefo'r amser, ac arno yn argraffedig – 'Er cof am yr Haf Sych, Isaac Morris.' Yr oedd yn ŵr o farn yn ei ardal, ac yn Is-oruchwyliwr ar ystad y Rhiwlas, trwy ei offerynoliaeth ef yn bennaf yr adeiladwyd y capel cyn y presennol yn Pencaenewydd, yn yr hwn yr oedd yn ddiacon. Mae ei hanes yn mynd i Ffair Pwllheli i gyflogi gwas, a hwnnw yn medru codi canu yn y capel; a golygfa pur ryfedd oedd gweled yr hen amaethwr a llyfr emynau yn ei law ddiwrnod y ffair, yn rhoi pennill allan, ac yr oedd yn rhaid i'r ymgeisydd ei ganu os gallai i ddangos y medrai; a dywedir fod y dewisiad wedi bod yn fendith i'r ardal.

Draw gwelaf y Gaerwen a'r Betws, lle trigai yr archfeirdd Dewi Wyn o Eifion (1784-1841) a Robert ap Gwilym Ddu (1767-1850). Ar ochr Garn Bentyrch ar fy nghyfer mae'r Goety, y bwthyn bach tô gwellt lle ganwyd Nicander. I'r gogledd mae Glasfryn Fawr, lle bu William Pritchard (1702-

34

1773), Clwchdyrnog, Môn wedi hynny yn cartrefu, hyd nes iddo fynd tros y Fenai i chwilio am nodded, oherwydd cael ei erlid am ei ddaliadau crefyddol. Bron yn ymyl mae hen gapel yr Annibynwyr – Capel Helyg – gwelaf fod yno adeiladau newydd wedi cymryd lle yr hen adeilad bychan a disylw wyf yn gofio, a mynwent lawn ynglyn ag ef, yn dangos fod treiglad amser yn gwneud gwahaniaeth mawr. Yno (Capel Helyg) y bum yn gwrando ar ddarlith y tro cyntaf erioed, gan Edward Stephens, 'Tanymarian' (1822-85), ar ei hoff destun, sef Cerddoriaeth. 'Roedd y lle yn orlawn, a da oedd cael myned i fewn rywsut, ac ni theimlwn arwydd o flinder er bod yn sefyll am o ddwy i dair awr mewn cornel cyfyng, gan mor ddifyrrus oedd y darlithydd. Meddyliech weithiau mai aderyn oedd yn chwibanu ar bêr odlau, dro arall newidiai a dynwaredai y daran groch; 'roedd ei lais mor ystwyth a phêr nes oedd pawb wedi eu gwefreiddio.

Yn ymyl, mewn pellder tafliad carreg oddi wrth y capel, yn y pantle islaw, mae hen ffynnon enwog Cybi Sant. Yr wyf yn cofio pan yn fachgen i mi fod yn gwrando darlith gan yr hynaws a'r talentog William Jones, Glasfryn Fawr; 'roedd ganddo ef ffeithiau i brofi effeithiolrwydd ei dyfroedd, ei ddadansoddiad o'r gwahanol elfennau oedd yn ffurfio ei dŵr. Mae'n debyg fod ei muriau, a'r tŷ, wedi adfeilio erbyn hyn; ond pan yn fychan bum ynddi lawer gwaith, yn edrych ar ei dyfroedd grisialaidd, a bron na theimlwn bob amser wrth syllu arni, gan mor loyw oedd ei dŵr, y byddai yn creu syched arnaf i gael dracht ohono. Ond byddwn yn teimlo bob amser y gwnawn, na byddai ei flas fel dyfroedd eraill, er fod ffrwd gref yn rhedeg yn wastad ohoni ac yn ymarllwys i'r Afon Erch. Am oddeutu hanner milltir o ffordd ni cheir yr un pysgodyn yn y ffrwd o gwbl, er fod yr afon mae'n ymarllwys iddi yn heigio o bysgod. Uwchlaw iddi mae llwyn o goed yn tyfu ar ochr y Garn. Wrth edrych o'r ffordd islaw ymddengys talcen carreg enfawr, fe'i gelwid gan y cyffredin yn Garreg Samson, gan eraill yn Gadair Cybi, gan fod yno le ar ffurf cadair ar ei phen, a'r dywediad oedd mai o'r gadair honno y byddai'r hen sant yn edrych ar y pererinion yn dod i'r ffynnon islaw am iachad. Yr hyn sydd yn hynod am y garreg yw, fod ôl cadwyn, a dwrn cauedig anferth ar ei thalcen yn ymaflyd yn y gadwyn.

Nis gallaf roddi fy ysgrifbin heibio heb wneud ychydig o nodiadau am y Fron Oleu o'r rhai a drigent yno yn yr amser hwnnw. Yr achos i mi wneud sylw ohono yw ei fod mor agos i'r fan 'rwy'n sefyll, a bron nad wyf yn gweld yn fy nychymyg yr hen gymeriad doniol ac ysmala oedd yn byw yno, sef

Dafydd Prys. Paentiwr a gwydrwr oedd wrth ei alwedigaeth, ac yn ychwanegol at hynny, daliai dyddyn bychan – lle saif Talafon yn awr, cartref Capten Evan Jones, hen gydymaith fy maboed, ar yr hwn dyddyn y cadwai ddwy fuwch, ac y tyfai yr hyn oedd yn eisiau at angenrheidiau'r teulu, a wneid i fyny o Dafydd Prys a'i wraig, geneth o forwyn, a Pero'r ci. Adnabyddid Pero yn yr ardal dan y llysenw 'Pechod', am ddau reswm, am ei fod yn anghyffredin o hyll, ac oherwydd ei dueddfryd i wneud drygau, a'r rhai hynny yn aml, i borthi ei wanc. Eto, yr oedd llawer o gallineb a natur dda yn Pero, a gwnai hyn ef dipyn yn annwyl i ni y plant. Yr oedd llyn pur fawr yng ngwaelod y tyddyn, a'r lle gorau i ymdrochi y gwyddem amdano oedd llyn Dafydd Prys, ac os deuai Pero i wybod ein bod yn ymdrochi, deuai yntau yno ac i'r llyn ar ei union, a dyna lle y byddai yn mwynhau ei hun cystal a neb ohonom.

Ond i ddod yn ôl at Dafydd Prys. Dyn tal eiddil, o ysgogiad heini, bron na ddywedech wrth ei weld fod ei deiliwr wedi cam-wneud ei ddillad iddo bob amser, gan mor llac y byddent. Ac anaml y gwelech ef heb i Pero fod yn ei gyffiniau. Siaradai yn gwta, gyda llais uchel. Wrth ein cyfarfod bron bob amser y cyfarchiad a gaem ganddo oedd – "Hogia pa sawl chwarel ffenest dorosoch?" Er mwyn i ni fod yn hyddysg yn y grefft o dorri ffenestri anrhegai ni âg afalau, iddo gael gwaith a thâl am eu trwsio. Y gosb am ryw ddireidi fyddem yn arfer chwarae â Dafydd Prys fyddai yr addewid i'n 'pluo yn fyw', beth bynnag oedd y gosb honno, os oedd yn gwybod ei hun. Yr oedd gan Dafydd deulu yn rhywle yn Llŷn, a thybiai ef nad oedd wedi cael yr hyn a ddylai o'r etifeddiaeth, na thebyg y cawsai chwaith, gan nad oedd son am ragor i Dafydd yn yr ewyllys. Cafodd gyfle i slipio i'r tŷ yn absenoldeb y teulu, a medrodd fynd i gwpwrdd oedd ddigon eang i dderbyn ei gorpws main. Ac ar ganol nos, pan oedd pawb wedi myned i orffwys, dyma dwrw a llais yn efelychu y perthynas yn dweud, "Dafydd bia'r cloc". "Beth sydd yna dwad?" meddai'r gŵr. "O, ysbryd hwn a hwn sydd yna," meddai hitha, "dwad y caiff o fo, Sion bach." "Mwyn dyn, mi caiff o," meddai yntau. Ar ôl cael y cloc, 'roedd Dafydd am y dresser. "Dafydd biau'r dresser," meddai y llais wedyn. "Mwyn dyn, mi caiff hi," meddai Sion. Diwedd adroddiad yr hanes fyddai i Dafydd dorri allan, "Celwydd bob gair, mi pluai chi'n fyw, hogia, gwna fel 'rwy'n fyw." Ond wedi'r cyfan 'roeddym ni ac yntau yn deall ein gilydd yn bur dda, ag yn dipyn o gyfeillion. Ond druan o Dafydd, wedi cael oes led faith, henaint a methiantwch wedi ei ddal, a'r amgylchiadau yn gwasgu, wedi ei adael ei hunan, heb neb i edrych ar ei ôl, bu rhaid ei symud i Weithdy'r

Undeb, yr hyn oedd yn bur groes i'w deimladau, ac yno y diweddodd ei yrfa ddaearol.

G. P. Griffith, Nant y Frân, Môn
(*Cymru*, Chwefror, 1906)

## Llyn Glasfryn, Pencaenewydd

Gwiwedig lyn! ei goediog lenydd – urdda

*Llyn Glasfryn wedi rhewi, Rhagfyr, 2009*

Holl harddwch Eifionydd;
Hoff ennyd gaiff awenydd
Ar fin ei don, derfyn dydd.

Harddaf rwysg ireiddiaf fron, – â'i chysgod,
Wych wisga'i ymylon;
A diddig nofiedyddion
Ar y dŵr sy'n rhwygo'r dôn.

Miliynau o bysg melynion – a chwardd
Yn chwim hyd ei ddwyfron;
A glwys ynysoedd gleision
Ddyry fri hardd ar ei fron

Tudwal
(*Y Geninen*, Awst, 1905)

Yn ôl un o chwedlau yr hen Gymry dywedir mai ffynnon oedd Llyn Glasfryn ar y dechrau, a'i henw oedd Ffynnon Grasi. Un o ferched y fro oedd Grasi a'i gwaith hi oedd gofalu am y ffynnon. Yr oedd Grasi yr harddaf o holl ferched y fro gyda pob bachgen yn hoff ohoni a'r merched yn genfigennus ohoni. Rhyw ddydd pan oedd hi'n eistedd yn gwylio'r fynnon daeth gŵr ifanc o gyfeiriad Yr Eifl at ei hymyl. Roedd yn fachgen hardd a golygus iawn a sgwrsiodd y ddau a'u gilydd. Yn y cyfamser daeth un o ferched y pentref cyfagos yno i gyrchu dŵr o'r ffynnon ac fe aeth i ffwrdd heb roi y caead yn ôl arno. Dechreuodd nosi ac yr oedd Grasi yn dal i sgwrsio a'r gŵr ifanc, ac yr oedd hi wedi dotio arno. Ond yn sydyn iawn heb air o rybudd, diflannodd y gŵr ifanc. Gwnaeth Grasi ei ffordd tuag adref heb sylwi nad oedd caead y ffynnon yn ei le priodol.

Tua chanol nos, pan oedd pawb yn cysgu yn eu gwelyau, clywyd sŵn mawr fel sŵn dyfroedd yn rhuthro. Cododd y dynion ac wedi mynd allan gwelsant y dŵr yn llifo fel afon i lawr y ffordd. Yr oedd yn amhosibl gwneud dim i'w rwystro, a'r canlyniad fu i'r holl ddŵr gronni islaw, nes boddi'r pentrefwyr i gyd. Yn raddol, gwelwyd caeau a choed, tai ac eglwysi yn suddo o'r golwg o dan y dŵr. A phan beidiodd y llif gorweddai'r dŵr yn un llyn llonydd yng ngwaelod y dyffryn. Ac felly y daeth Llyn Glasfryn i gymeryd lle Ffynnon Grasi.

Fe â'r hanes ymlaen i ddweud fod cost ddychrynllyd wedi ei rhoi ar Grasi am fod mor esgeulus. Dywed rhai iddi gael ei throi yn alarch, ac mai nofio ar wyneb y llyn hyd Dydd y Farn â fyddai ei thynged. Credai eraill iddi gael maddeuant, ond iddi farw'n gynnar ac yn anhapus iawn, a bod ei hysbryd yn dychwelyd yn awr ac eilwaith i aflonyddu ar heddwch y llecyn lle bu'r ffynnon gynt.

(*Y Ffynnon*, Papur Bro Eifionydd, Mawrth, 1988, wedi ei addasu o
Cymru'r Plant, 1938.)

'Tudwal' oedd ffugenw H. Tudwal Davies, y bardd amaethwr o Lwynhudol, ar gwr pentref Abererch. Enillodd ddwy gadair eisteddfodol, ac Emyr, ei fab, hefyd ddwy. Un ohonynt oedd yn Eisteddfod y Pasg, Pwllheli yn 1896. Y tad a'r mab felly yn feirdd cadeiriol, y naill yn enwog yn y mesurau caeth a'r llall yn y mesur rhydd. Roedd yn byw ym Mrynllaeth, yn yr un ardal yn 1893-96. Meddai Anthropos am Lwynhudol – 'Nid oes yng Nghymru breswylfa fwy addas i dderbyn gweledigaethau prydferthwch. Mae'r olygfa o Lwynhudol yn ogoneddus ymhob ystyr.' Cyhoeddodd H. Emyr Davies gyfrol o'i farddoniaeth yn 1907 sef 'Llwynhudol.'

# LLANARMON

## Yr Eira Hardd

*Golygfa aeafol*

Yn nechrau y Rhyfel Gartref (1861-1865) yn yr Unol Daleithiau, ar fore Sadwrn tywyll, yn nhrymder y gaeaf, bu farw yn Ysbyty Commercial (Ysbyty y Brifysgol fel yr adwaenir hi heddiw), yn Cincinnati, Ohio, ferch ifanc oddeutu 22 mlwydd oed. Bu hi unwaith yn ferch dymunol a thlws, ond syrthiodd i buteindra. Ar un adeg ymffrostiai o berthyn i deulu anrhydeddus, ac fe allai drwy ei dawn addysgiadol a'i pherffeithrwydd mewn moesau, fod wedi disgleirio mewn safleoedd urddasol. Ond ar ôl iddi dreulio bore ei hoes mewn gwarth a sarhad erchyll, bu hi farw o galon friw. Ymysg ei heiddo personol cafwyd hyd i ddarn o farddoniaeth yn ei llawysgrifen yn dwyn y teitl: "The Beautiful Snow". Cyrhaeddodd y gerdd un o'r enw Enos. B. Reed, Ysw, bonheddwr addysgol gyda chwaeth lenyddol ganddo, oedd ar y pryd yn olygydd y papur newydd National Union, yn Philadelphia, Pensylfania. Ymddangosodd y gerdd honno am y tro cyntaf yng Ngholofnau'r papur hwnnw ar y bore y bu y ferch farw, cyn ei chladdu. Ni bu'n hir cyn i'r gerdd newydd dynnu sylw Thomas Buchanan Read (1822/1872), un o feirdd blaenaf America ar y pryd. Effeithiodd teimlad angerddol y ferch gymaint ar ei feddwl nes iddo ef ddilyn ei chorff yn uniongyrchol i'r fynwent lle y claddwyd hi.

Yn yr argraffiad gwreiddiol mae'r gerdd yn darllen yn y person cyntaf, fel pe bai y ferch syrthiedig honno wedi ei gwneud yn fynegiad o'i phrofiad ei hun. Ychydig yn ddiweddarach ymddangosodd gyda cherddoriaeth, ac enw Major Sigourney fel ei hawdwr, gyda'r unig wahaniaeth o fod y person cyntaf wedi ei newid i'r trydydd person. Gwelais drosiad Cymraeg o'r gerdd yng nghyfrol Adroddiadur Dirwestol gan Beren (1873) a'r awdwr oedd Mr J H Williams, o Laniestyn, Llŷn. Ddeng mlynedd ar ôl hynny cafwyd cyfeithiad arall gan John Parry, Plas, Llanarmon, Eifionydd, sef â ganlyn...

Eira hardd, O yr eira hardd,
Lleinw yr awyr, y ffordd a'r ardd,
Tros gopa y tai, a thros y stryd,
Tros bennau y bobl a gwrddwn o hyd;
Dawnsio, coegio, llithro, a llam;
Yr eira hardd nis gall wneud cam:
Ehed i gusanu gruddiau glân mûn,
Cydia'n ei gwefus yn ddigrif ei lûn;
Yr eira hardd o'r nefoedd dderch,
Pur megis angel a thyner fel serch.

Eira hardd, O yr eira hardd,
Y lluwch wrth ymgynull, O fel y chwardd,
Chwyrnellu o gwmpas yn wallgof ei lun,
A chwareu'n ddireudus ar ben pob un:
Canlyn, erlyn, heibio yr ä,
Seirianu y wyneb a'r llygaid a wna;
Y cwn gan ei gyfarth eu clep ni phaid,
Brathant y crisiant yn chwyrn ar eu naid;
Y dref sydd yn fyw, o'i chalon y tardd
Can' croeso i ddyfodiad yr eira hardd.

Mor wyllt y mae'r lliaws yn mynd fel ar dân,
Gan gyfarch eu gilydd âg areb a chân,
Y llusg wych gerbydau fel mellt heibio'r ânt,
Disgleirio am funud ond colli a wnant,
Darstain, siglain, yn ddiwahardd,
Wrth lithro tros grawen yr eira hardd;
Eira mor bur o'r wybren las,
Yn disgyn i'r llaid, – O deimlad cas!
Ei sarnu a'i sathru gan filoedd o hyd,
A'i gymysg â charthion yr engyrth stryd.

Gynt yr oedd hithau â'r eira mor bur,
Ond syrthiodd o'r nef i uffern o gur;
Hi syrthiodd i'w mathru fel tom y stryd
I'w churo a'i chornio gan boerion byd;
Taeru, tyngu, ofni y glyn,
Gwerthu ei hun i bwy bynnag a'i pryn;
Maelu am fara mewn achlod didduw,
Ofni y marw, ffeiddio y byw:
A gwympodd un annwyl mor isel a hyn?
Un unwaith a welwyd â'r eira mor wyn.

Ddoe yr oedd hithau â'r eira mor deg,
Ei llygaid a'i chalon â'i grisiant mor chweg;
Unwaith hi garwyd am lendid ei phryd,
Molwyd a cheisiwyd am ei swynion drud;
Syrthiodd, collodd ei mam a'i thad, –
Collodd ei hunan, – Yr Iesu, a'i râd;
Y cryn-ddyn dyhiraf a ddeuai i'w chwrdd,
Rhag iddi ddynesu a giliai i ffwrdd;
O'r oll oedd amdani neu ynddi'r pryd hyn,
Ni welid un purdeb fel yr eira gwyn.

Mor ryfedd yw gweled yr eira glân,
Yn d'od ar bechadur mor barod i dân;
Mor ryfedd pan leda y nos a eto'i llen,
Os yr eira a'r rhew dyr ddolur ei phen:
Fferu, rhewi, trengu'n ddihaedd,
Rhyd ddrwg i weddio, rhyw wan i roi gwaedd
I'w chlywed o strydoedd y serfyll dref,
Oedd yn wallgof ei nwyfiant gan eira o'r nef;
Gorwedd i farw yn ei herchyll wae,
Ar wely neu wasarn o eira y mae.

Egwan a brwnt fel eira tan draed,
Paid anobeithio ar lawr yn dy waed,
Mae'r Iesu yn plygu mor isel â'th haint,
I godi dy enaid i fywyd a braint:
Gwaedu, trengu, trosot ti,
Y bu'r Croeshoeliedig ar Galfari!
Ei ddolef dosturiol ddisgyno i'th glust: –
"A oes pardwn i mi? a faddeua fy Nghrist?
"Glanha fi'n yr afon o'th ystlys a dardd,
"A byddaf yn wynach na'r eira hardd."

John Parry, Plas, Llanarmon
(o'r *Traethodydd*, Ebrill, 1883)

*Ysbyty Commercial, Cincinnati, Ohio*

43

# LLANGYBI

## Yr Injan Ddyrnu

Ganed Lewis Thomas oddeutu'r flwyddyn 1778, mewn amaethdy o'r enw Cae'r Ferch, ym mhlwyf Llangybi, a bu farw tua 1873, yn 95 mlwydd oed. Ymddengys ei fod ef yn fwy anturiaethus na'r cyffredin yn y dyddiau hynny. Diamau mai'r gymwynas fwyaf a wnaeth â'r fro ydoedd dyfod â'r injan ddyrnu yno – y peiriant dyrnu cyntaf yn Sir Gaernarfon.

Porthmon moch ydoedd, ac nid oes sôn iddo ddelio mewn na defaid na gwartheg na cheffylau. Wedi iddo gasglu ynghyd o 60 i 100 o foch, â'i â hwy i Gae'r Ferch, a'r cam nesaf oedd eu hwylio i'r farchnad. Ac wrth gofio anawsterau teithio yn y cyfnod hwnnw, y mae'n syndod meddwl bod ganddo ddigon o blwc i fynd â hwy yr holl ffordd i Lerpwl.

Cychwynnai'r daith drwy gerdded y moch i Gaernarfon, tua 25 milltir o ffordd, a chan mai cerddwyr go araf yw tylwyth Gadara ar y gorau, cymerai oriau meithion i gyrraedd y porthladd ar lan Afon Saint. Ambell dro, pan na fyddai llong yn digwydd bod yn hwylus yng Nghaernarfon, byddai'n rhaid cerdded y gen-faint foch i Borthaethwy, a chyda lwc fe geid llong yno ar fin hwylio i Lerpwl. Arferai Lewis Thomas yn fynych, wedi cyrraedd adref, adrodd wrth ei gymdogion sut y byddai'r gwaith ar bontydd Menai yn mynd ymlaen.

Ar dywydd stormus gellir dychmygu'r miri a'r stŵr a'r rhochian a geid gan o leiaf gant o foch wedi eu dal â salwch y môr. Ambell dro, hyd yn oed wedi cyrraedd Lerpwl, ni fyddai helyntion Lewis Thomas ar ben, oblegid os digwyddai bod llwyth o foch wedi glanio yr un pryd o Iwerddon, ni châi'r hen borthmon o Eifionydd ddigon o bris hyd yn oed i'w ddigolledu ei hun.

Yr unig beth y gallai Lewis Thomas ei wneud fyddai cerdded y moch i Fanceinion, taith o 35 milltir ymhellach. Ac yno, ni fyddai'r farchnad yn debyg o fod mor sâl, gan nad oedd y Manchester Ship Canal wedi ei agor yr adeg honno. Byddai oddi cartref am tua thair wythnos ar dro, a golygai hynny ofalu am fwyd a chysgod iddo'i hun a'r moch yn ystod y daith.

Yr oedd merch iddo wedi ymbriodi yn Lerpwl â Sais o'r enw David Sloan. Digwyddodd Lewis Thomas sôn wrth hwnnw y carai brynu peiriant dyrnu. Y math oedd yn ei feddwl oedd rhyw beiriant bach tebyg i gorddwr a ddefnyddid yn helaeth i ddyrnu yn Lloegr yr adeg honno. Ond yr oedd David Sloan yn fwy uchelgeisiol, a gallodd berswadio ei dad-yng-nghyfraith i fentro bod yn 'fodern' a phrynu un o'r peiriannau stêm a oedd yn dechrau dod i fri.

Y broblem wedyn oedd yr arian, oblegid fe gostiai'r peiriant dyrnu newydd o leiaf £300. Cynigiodd Sloan dalu'r hanner – a rhannu'r elw, wrth gwrs. Ac felly y bu. Cludwyd yr injan stêm a'r bocs dyrnu ar long o Lerpwl i Gaernarfon, ond nid aed â hwy oddi yno ar eu hunion i Gae'r Ferch. Penderfynodd Lewis Thomas mai deuparth gwaith ei ddechrau, ac y dylai'r injan newydd weithio'i ffordd i'w bro newydd. Setlwyd felly i John Thomas, ei fab, a gŵr arall o ardal y Beirdd, ofalu am y dyrnwr ar ôl iddynt gael ychydig o gyfarwyddyd gan un o gynrychiolwyr y ffyrm o Lerpwl.

Ond yr oedd un rhwystr i'w oresgyn cyn y byddai'r dull newydd yn debyg o ddod yn boblogaidd. A'r bobl a achosai'r rhwyst hwnnw oedd y ffustwyr. Yn naturiol iawn, fe'u gwelent hwy eu hunain yn mynd allan o waith yn syth pe digwyddai i'r peiriant newydd fod yn llwyddiannus, a dywedir eu bod, ar fwy nag un amgylchiad, wedi ceisio drwy dwyll ac ystyw ddifetha'r peiriant a thân.

Ond yr oedd Lewis Thomas wedi bod yn ddigon craff i ragweld y perygl, ac wedi gosod gwyliadwriaeth dros yr injan yn y nos, ac i raddau yn y dydd. Ac felly o ffarm i ffarm rhwng Caernarfon ac Eifionydd gwelwyd y peiriant dyrnu am y tro cyntaf erioed yn gwneud y gwaith a fu mor llafurus gynt. O dipyn i beth daeth chwiban y dyrnwr mor gynefin â seiniau cloch y llan. Ac yn wir yr oedd yr injan a'r criw wedi ennill £30 cyn cyrraedd adref i Gae'r Ferch.

Fel y gellid disgwyl, bu galw mawr am wasanaeth yr injan ddyrnu o Gaernarfon i Aberdaron, ac yn ystod y blynyddoedd cyntaf byddent yn dyrnu heb saib drwy'r flwyddyn. Bu'r dyrnwr ar drafael yn Sir Feirionnydd hefyd, ac yno, meddir, cafodd John Thomas a'i fêt i ginio diwrnod dyrnu y plwm pwdin cyntaf a fwytasant erioed.

Ond ni bu hir oes i'r dyrnwr cyntaf hwn. Siarswyd Lewis Thomas gan un o reolwyr y cwmni a werthodd yr injan iddo nad oedd i losgi coed ar un cyfrif i gynhyrchu stêm yn y peiriant. Yr unig danwydd pwrpasol, meddai, ydoedd glo, oherwydd byddai tân coed yn codi gormod o wreichion.

Ond un diwrnod aeth John Thomas i ddyrnu i Reithor Abererch, a digwyddai fod gan hwnnw bentwr o goed tân wrth law, clampiau trwchus, a mynnai'r person, os oedd dyrnu i fod, y byddai'n rhaid defnyddio'r coed. Ac yn hytrach na siomi'r person neu efallai ei dramgwyddo, cytunodd John Thomas i ddyrnu ar ei delerau ef. Ni chafwyd dyrnu yn hir, fodd bynnag, oblegid toc cododd yn dipyn o wynt, a chipiwyd y gwreichion o'r peiriant i'r cocyn ŷd. Ymhen ychydig amser yr oedd hwnnw yn goelcerth ysol.

Ymledodd y tân i focs y dyrnwr, a dechreuodd hwnnw losgi'n ffyrnig. Gellir dychmygu yn hawdd y picil yr oedd John Thomas ynddo, ac yn ddigon byrbwyll dringodd yr ysgol i ben y cocyn i geisio helpu'r dyn a oedd eisioes ar ei ben i ddiffodd y tân. Er mai dyn ifanc ydoedd, yr oedd ganddo locsyn naw modfedd o hyd, a'r tro hwn cafodd ei eillio'n rhad ac am ddim, oblegid cyrhaeddodd y tân ei locsyn ac fe'i llosgwyd yn wastad a'i wyneb. Bu'n ffodus i ddianc cyn i'w ddillad fynd yn fwyd i'r fflamau, ac iddo gael ei losgi i farwolaeth. Ni chafodd y tracsion fawr o niwed, ond llosgwyd y bocs yn llwyr.

Er nad oedd Lewis Thomas wedi yswirio'r peiriant na'r bocs, bu'n ddigon ffyddiog a mentrus i ordro dyrnwr arall rhag llaw, ac o dipyn i beth daeth amryw ohonynt i Sir Gaernarfon. Ond am yr injan a losgwyd, nid oedd Lewis am i'r golled fod yn golled i gyd. Casglodd y darnau haearn a weddilliwyd o'r tân, a mynd a hwy adref, a chyflogodd of yr ardal i wneud giatiau i'r ffarm o'r pentwr maluriedig.

Gerallt Davies
(*Y Crynhoad*, Hydref, 1954)

# Ffynnon Gybi

'Yr oedd y ffynnon mewn bri o flaen y capel neu'r eglwys, o'r hyn lleiaf, dyna sydd yn debygol. Arweinia'r ffynnon ni yn ôl i'r cyfnod paganaidd. Mae lle i gredu fod i'r ffynnon offeiriad, yn amlach, offeiriades, cyn y cyfnod Cristnogol, ac fod i'r fath swyddog dŷ o ryw fath, a thir, a degwm. Beth bynnag berthynai'r ffynnon yn y cyfnod paganaidd â ail-gysegrwyd gan Gristionogion, fel yr awdurdodd y Pab Gregori i Awstin Fynach wneud a sefydliadau paganaidd y Prydeiniaid. Fel rheol, os rheol hefyd, gellir dweud, lle mae ffynnon a chapel, neu eglwys, megis yn gyfartal gysegredig, ac yn gyflwynedig i'r un sant, fel Ffynnon Gybi a'r Eglwys, yno y mae paganiaeth a Christionogaeth wedi goroesi mewn rhyw fath o gyfathrach,'

*Ffynnon Gybi*

Yn y flwyddyn 1767, cyhoeddwyd llyfr o hanes y ffynnon hon gan un D. W. Linden, yr hwn a gynnwysa arbrofion dansoddol, ac ymchwiliadau fferyllol i'w natur, yn nghyd a chyfarwyddiadau i'w defnyddio fel meddyginiaeth. Dywed yr awdur hwn 'Ei bod yn sicr fod cyrchu mawr at y dwfr yn amser Pabyddiaeth cyn y Diwygiad, er cael ymwared oddi wrth wahanol anhwylderau, a bod cist yn yr eglwys, yn yr hon y gofynid i'r cleifion gyfleu eu hoffrymau; oblegid gofalai y tadau parchedig am sicrhau wrth yr ymwelwyr fod rhinwedd iachol y dwfr yn deilliaw oddi wrth rad a bendith Cybi Santaidd. Ar ôl y Diwygiad parhaodd ymdrochi yn y dwfr hwn i fod yn llwyddiannus at lawer o anhwylderau; ond nid oedd ei rinwedd yn hysbys, oddiethr yn nghymdogaeth Llangybi a'i hamgylchoedd, hyd tua'r flwyddyn 1750, pryd y tynwyd sylw y Parch. Mr Williams o'r Tŷ Newydd, Llanystumdwy, ato. Wedi clywed o'r gŵr hwn gryn lawer am rinwedd meddygol y dwfr, gwnaeth ymchwiliad manwl i wirionedd y peth; ac wedi cael boddhad i'w feddwl hysbysodd amdano i'r perchenog, y diweddar William Price, Ysw, o'r Rhiwlas, yr hwn a adeiladodd yno faddon cyfleus, a thŷ, ar ei draul ei hun, drwy yr hyn yr adferwyd y dwfr i'w fri cynhenid.' Yna y dilyn rhestr o welliadau iachol drwy rinwedd y dwfr, sef dallineb, defaid gwylltion, cryd cymmalau, cloffni. Dyry yr awdwr hefyd restr ychwanegol o welliadau dan ei ofal a thrwy ei gyfarwyddyd ei hun. Drwy y gwelliantau hynod hyn, aeth y dwfr yn glodfawr ym mhob rhan o ogledd Cymru; ac er

47

fod llawer yn ymweld ag ef bob blwyddyn, ychydig oedd nifer y rhai na phrofasant wellhad neilltuol oddi wrtho, tra yr arferent ef mewn gradd gymhedrol a dyspwyllog yn y clefydau y mae efe yn addas iddynt; a diau iddo barhau yn ei fri o'r oesau hynny hyd ddydd yr enwog Dafydd Ddu Eryri, fel y dengys llinellau canlynol o'i eiddo:

Ambell ddyn, gwaelddyn a gyrch
I bant goris Moel Bentyrch
Mewn gobaith mai hen Gybi
Glodfawr sydd yn llwyddaw'r lli.

Priodolid hefyd i'r ffynnon hon y gallu o roddi i'r merched wybodaeth pa un a fyddai eu cariadon am eu priodi ai peidio; a thuag at hynny, gofynol oedd i'r ferch roddi ei chadach llogell yn daenedig ar wyneb y ffynnon; ac os gwthid ef gan y dwfr i gyfeiriad y De, yr oedd popeth o dde; ond os i'r Gogledd, yr oedd argoelion annymunol o oerfelgarwch. Ond pa un bynnag ai i'r De ai i'r Gogledd, ymddygai y merched at y llanciau yn hollol fel y cyfarwyddai y ffynnon hwynt.

(O *Llên Gwerin Sir Gaernarfon* gan J. Jones (Myrddin Fardd)
1908

Yn y flwyddyn 1750 gwnaed rhestr gan Ficer, Llanystumdwy, o'r rhai a gafodd wellhad trwy rinwedd y dŵr...

**Dallineb**
John Jones, Ty'n Garn, Llangbi
Gwraig i Drefaes, ym Meillteyrn
John Jones, Bron Gadair
Gwraig o Bwllheli
Hugh Jones, Tanygraig
Mab Risiart Hughes, Ceirniog, Llŷn
Ann Sion
William Prisiart, Bryn Bachau
Elis Richards o Sir Fôn
Sion Rhydderch

Gŵr ifanc o Gaergybi
Mab Evan Griffiths, Cricieth
Elisabeth Richards, Pentraeth, Môn

**Y Ddafad Wyllt**
Gwraig o Fôn
John Jones, Llawendy, Llŷn
John Hughes, gof, Llŷn
John Rowlands, Morfa
Morris Cadwaladr
Griffith Marc, gwestywr, a saer coed, Llangybi
Humphrey Roberts, Fach
Tri o blant Gruffydd Humphrey, Llangybi
Plentyn Dafydd Ellis, yr Orsedd

**Cryd Cymalau**
Thomas Jones, Caeau Gwynion, Caernarfon
Merch Rhisiart Morys, Tyddyn Morthwyl
Martha, gwraig Rhisiart Sion Dafydd, Llangybi
Robert Sion Dafydd, Llangybi
William Sion Thomas, teiliwr, Llangybi

**Cloffni**
Elin, gwraig Robert Sion Dafydd, Llangybi
Thomas Griffith

(*Y Brython*, Ebrill, 1860)

## Fe ŵyr cannoedd o foch nad fel tipyn o sioe y cedwir yr hen gerbyd hwn

Ceiriog, onide, a soniodd am Bastai Fawr Llangollen:

> Wyr neb sawl ci,
> wyr neb sawl gast,
> Oedd yn y bastai honno.

E. D. Evans a'i ryfeddod

Mae'r un peth yn wir i raddau am hen Awstin Deuddeg, Coedcaegwyn, Llangybi, meddai ei berchennog, Mr Evan David Evans. Ni wyr neb i sicrwydd pa sawl mochyn na sawl llo a fu'n y cerbyd hwnnw. Cariodd hwn, heb amheuaeth, rai cannoedd o foch.

Fel tipyn o sioe y cedwir hen gerbydau fel rheol. I rasio, dyweder, rhwng Llundain a Brighton unwaith y flwyddyn neu i ddenu pobl i ffenestri modurdai. Ymhyfrydai fod pob sgriw a nyten ynddynt yn sgleinio fel swllt a'r radiator fel gwydr.

Go brin y gellir priodoli rhinweddau felly i Awstin Mawr, Coedcaegwyn er bod hwn hefyd yn hen. Fe'i cedwir gan Evan David Evans yr amaethwr, am ddau reswm pendant iawn arall. Dyma un: 'Mae'n gwneud ei waith. Y cwbl sydd arnaf ei eisiau gan gar yw cael fy ngharu – a cario fy mhethau. Ac i mi ar hyd y blynyddoedd bu'r Awstin yn gar, yn fen ac yn drol.'

Chwipiodd hwn dros y Mignaint i ddanfon baedd ddeuddeng ugain i'r Bala. Bu ym mherfeddion Sir Fôn lawer gwaith yn danfon rhai o'r moch pedigri Large White a fegir yng Nghoedcaegwyn. Yn hwn y bydd y ffermwr yn cario pob taten a werthir oddi ar y lle. Ac yn hwn, yr hen gar sgwar a'i olwyn sbar fel ledi yn y sedd ôl, yr a i'r farchnad ym Mhwllhei bob dydd Mercher. Gyda'i amrywiol oruchwylion ni nogiodd yr EJ2195 gymaint ag unwaith. Bu'n was da a ffyddlon – a dyna un rheswm digonol paham na newidiwyd mohono am gerbyd smartiach a diweddarach.

Ond am rheswm arall hefyd. Un personol. Meddai Mr Evans: 'Fel y soniodd Anthropos am y cyfeillgarwch sy'n springio rhwng dyn a'i got, felly hefyd y mae hi efo minnau a'r hen gar. Buasai'n chwith iawn gen i wneud i ffwrdd a fo ac ni bu gennyf erioed awydd am fynd o'r tu ôl i olwyn 'run arall.'

Dim ond ar siwrneiau bychain yn Llŷn ac Eifionydd y defnyddir yr Hen Awstin yn awr. Nid aeth Mr Evans ag ef i Hwlffordd y llynedd pan oedd yn beirniadu gwartheg duon yn y Royal Welsh er enghraifft ac nid â ymhell ynddo i gynadleddau'r Da Duon Cymreig. Fe gymerai yn go hir iddo gan nad yw cyflymder mwyaf yr EJ yn fwy na 35 milltir yr awr.

Ond ei oed? 'Roedd hwn yn newydd sbon yn 1927. Yr un injan sydd ynddo o hyd, wedi ei hail-dyllu unwaith gan yr 'anghymarol John Lewis Williams o Fourcrosses'. Daeth i Coedcaegwyn ddeunaw mlynedd yn ôl – am ddeunaw punt o Cae Glas, Edern. Cyn hynny yr oedd yn sir wreiddiol pob EJ – Sir Aberteifi, a chychwynodd ar ei daith i'r Gogledd drwy law Mr Moses Griffith (brawd Mr W. R. Griffith, Cae Glas) a oedd yn byw yng Nghapel Bangor bryd hynny. Er mai brown-goch yw'r hen gar bu ganddo gysylltiad agos a gwartheg duon am ran helaeth o'i oes, mae'n amlwg.

Ofna Mr Evans, Coedcaegwyn, nad oes gan yr hen gar fawr o amser wrth gefn eto. Nid na pharhai am flynyddoedd lawer ond mae'r teiars ar ei gyfer – rhai 600 x 20 – yn mynd yn brinnach a phrinnach. 'Bydd yn rhaid imi geisio rhywbeth arall wedyn,' meddai Evans. 'Ond ni wnaf hynny nes bydd yn fater o raid.'

(Y Cymro, 1 Tachwedd, 1956)

# YNYS

## Pe Bai'r Meini'n Gallu Siarad
## (Rhamant hen Gapel Galltgoed)

*Capel Galltgoed*

Gellir gweld adfeilion hen Gapel Galltgoed rhwng fferm Tyddyn Crythor a'r Betws Fawr yn Eifionydd yn agos at y ffordd gul sy'n arwain o Gapel y Beirdd i gyfeiriad Chwilog. Hanner milltir wedi mynd heibio'r capel a ffermydd Llwyn yr Eryr a Betws Bach, mae mynedfa Tyddyn Crythor. Yn agos at y fynedfa mae camfa bren ar ochr chwith y lôn a llwybr sydd yn arwain at adfeilion Capel Galltgoed.

Dyna ddiddorol fyddai hi pe gallai'r meini sydd yno heddiw siarad a dweud eu hanes am yr hyn a ddigwyddodd yno dros gwrs y blynyddoedd.

Yn ei lyfr ar Eifionydd (Cyfres Broydd Cymru, 1998), Mae'r diweddar Guto Roberts yn adrodd fel y bu i CADW tua 1995 dwtio'r lle, ond fod ei hanes yn mynd yn ôl i'r 16eg ganrif. Mae'n bosibl iawn fod yr adeilad cyntaf ar y safle wedi ei godi ar dir oedd yn perthyn bryd hynny i Abaty Conwy. Dichon y byddai mynaich a phererinion oddi yno'n galw yng Nghapel Galltcoed ar eu ffordd i Enlli. Tybed a fu'r meini'n clustfeinio ar eu siarad nhw?

Dywed Guto Roberts i rai o drigolion yr ardal, gan gynnwys Robert ap Gwilym Ddu (1776-1850) yn eu plith, fod yn addoli yno hyd o leiaf 1811. Cafodd yr adeilad wedyn ei droi'n dŷ, ac roedd y trigolion diwethaf, sef Thomas a Mary Jones a'r teulu yn byw ynddo ym 1881. Aethant hwy wedyn i fyw i Hafoty, Rhoslan.

Yn ddiweddarach cafodd y to ei dynnu i ffwrdd i wneud postiau ffens, a dirywiodd cyflwr yr adeilad. Mae adroddiad yn yr Archaelogica Cambrensis sydd yn gresynu fod hyn wedi digwydd gan fod yr hen ddistiau mewn cyflwr da a chyda llawer o gerfluniau cywrain i'w canfod arnynt.

Tystia Colin Gresham yn ei lyfr, Eifionydd (1973), fod oedfaon pnawn Sul cyson yn cael eu cynnal yng Nghapel Galltgoed hyd at y flwyddyn 1810. Ym 1814, symudodd cynrychiolydd yr Arglwydd Mostyn y pwlpud a'r meinciau oddi yno i'w defnyddio yng Nghapel Helyg, Llangybi. A dyna pryd y cafodd Capel Galltgoed ei droi'n dŷ. Tystia Cofrestr y Plwyf am farw Owen Owens o Gapel Galltgoed ar 25 Hydref, 1816. Adroddir i simdde garreg gael ei ychwanegu at yr adeilad ym 1869 yn lle'r un o blethwaith a chlai oedd wedi bod yno cynt. Mae darlun (wedi ei dynnu ym 1892) ar gael o'r tŷ hefo to llechi, ond nid yw'n ymddangos fod neb yn byw yno bryd hynny, ac yn fuan wedyn roedd yn cael ei ddefnyddio fel beudy. Erbyn 1915, roedd y to wedi syrthio ac roedd rhai o'r cerrig wedi eu symud o'r drws. Rai blynyddoedd wedyn, tynnodd gŵr Tyddyn Crythor y simdde a rhai o waliau'r ochr i lawr gan ddefnyddio'r cerrig i adeiladu cytiau moch. Yn ôl yr hanes, bu farw pob un o'r moch a roddwyd yn y cytiau. Mae Guto Roberts yn sôn am gred rhai mai Mr Vaughan, Talhenbont, a gododd – neu a adnewyddodd Gapel Galltgoed – er mwyn arbed iddo ef a'i deulu fynd i eglwys Llanystumdwy. Ymddengys fod y person wedi tramgwyddo yn ei erbyn am i'r person wrthod mynd i fyw i'r tŷ a godwyd ar ei gyfer yn Ysgubor Hen.

Sonia Guto Roberts hefyd am un arall a arferai fynychu'r oedfaon yng Nghapel Galltgoed, sef yr Annibynwr, Rowland Hughes, Rhosgyll Bach, Chwilog. Ef unwaith, meddir, a awgrymodd y dylid atal y gwasanaeth yng Nghapel Galltgoed er mwyn cael gwared â'r ystlum oedd yn tarfu ar yr oedfa ac yn aflonyddu ar y gwrandawyr.

Parch. Ioan Wyn Gruffydd B.A., B.D.
(o *Y Ddolen*, Cylchgrawn Eglwysi yr Annibynwyr, Chwilog)
(Rhifyn 116: Tachwedd/Rhagfyr, 2009)

Capel Galltgoed – Yn amser y Croesgadau, neu Rhyfeloedd y Groes, tua 1095-1292, enw'r capel oedd Betws. Ymhen blynyddoedd wedyn llyncwyd ei enw gan ddwy fferm cyfagos, a rhoddwyd yr enw Capel Galltgoed iddo. Y gair Capel yn ôl rhai, yn deillio o'r iaith Frythoneg, neu'r hen Gymraeg sef Cafell – Côr Eglwys, a dorwyd gan y mynachod i'r ffurf Lladinaidd, Capella. Fel yr awgryma ei enw y mae wedi ei godi ar lechwedd coediog. 'Aeth ei furiau moel a'i do yn gandryll – yn ddim mwy na llety i dylluanod, a llechfa rhif o ymlusgiad afloesol ac anhylon.'

*Brodor o Nefyn, Llŷn, yw'r Parchedig Ioan Wyn Gruffydd, ac un o Rhoshirwaun yw Margaret, ei briod. Ganwyd iddynt dri o blant: Bethan, Nia a Pryderi. Cafodd ei ddwyn i fyny gyda'r Annibynwyr yn Soar, Nefyn. Ordeinwyd ef yn weinidog ar eglwysi Horeb, Dwygyfylchi, a'r Tabernacl, Penmaenmawr, ym 1963. Yn 1982 derbyniodd alwad ar ôl gweinidogaethu yng Nghaergybi i fod yn Weinidog ar Siloh, Chwilog; Ebeneser, Abererch; Capel Helyg, Llangybi; ynghyd a Maesyneuadd a Bethlehem (S), Trefor. Yn 1984 penodwyd ef yn Ysgrifennydd Cenhadol Undeb yr Annibynwyr Cymraeg yn Nhŷ John Penri, Abertawe, a bu yno am gyfnod o bymtheg mlynedd. Ar Sul cyntaf y flwyddyn 2000 dychwelodd yn ei ôl fel Gweinidog rhan amser i'r Annibynwyr yn Chwilog, ac hefyd fel Ysgogydd Cenhadol i Gyfundeb Annibynwyr Llŷn ac Eifionydd. Yn 2001 daeth yn Llywydd Undeb yr Annibynwyr Cymraeg. Dechreuodd ar dymor ei lywyddiaeth yng Nghynhadledd Undeb Aberystwyth gan roi anerchiad ar y testun: 'Cyhoeddi'r enw sydd goruwch pob enw'. Ers rhai blynyddoedd bu ef a gofal arbennig am eglwysi Abersoch, Bwlchtocyn, Mynytho a Rhiw fel Ysgogydd Cenhadol. Yn 2009 penderfynodd gymryd ei sefydlu'n weinidog ar yr eglwysi hynny.*

# RHOS-LAN

## Cymro Gwyllt

Dyma'r enw a roed i Richard Jones o'r Wern (1772-1833), gweinidog gyda'r hen gorff a llenor, unig fab John a Margaret, Coedcaedu, Rhos-lan. Cafodd dymhorau byrion o ysgol o dan Robert Jones, Rhos-lan, ym Mrynengan, ac wedyn gyda John Roberts, Llanllyfni, yna dwy flynedd yn ddisgybl i Evan Richardson yn Llangybi a Brynengan, pan yn 14 oed bu'n ffermio, yn 16 oed cafodd ysgytiad meddyliol a'i hanes o hyn ymlaen oedd darllen, ehangu ei wybodaeth ac ymddiwyllio mewn hanes, llenyddiaeth a barddoniaeth yn nosbarthiadau Dafydd Ddu Eryri. Diddorai mewn materion gwleidyddol, dechreuodd bregethu ym 1794, ordeiniwyd ef ym 1816 ac wedi gadael Llwynimpia, Clynnog Fawr, symudodd i'r Wern, Llanfrothen. Cyfrannai yn gyson i'r cylchgronnau o dan yr enw 'Cymro Gwyllt'.

Dywed 'Saint-Beuve' yr awdurdod uchaf mae'n debyg ar y gangen gofiannol o lenyddiaeth nad yw cynhyrchion llenyddol unrhyw awdur yn bortread dilys a chywir o'i gymeriad. Boed a fo am hynny ond mentrwn ofyn a ellir disgrifio 'Cymro Gwyllt' fel bardd diwinyddol; un o feirdd Eifionydd oedd wedi ei fagu yn y Coedcaedu, yng nghymdogaeth Dewi Wyn, Robert ap Gwilym Ddu, Nicander, Pedr Fardd. Gwyddom i'r gwrthrych ymddifyrru yn nadleuon diwinyddol John Roberts, Llanbrynmair; Christmas Evans a Dr Edward Williams. Ei brif waith rhyddiaith oedd 'Drych y Dadleuwr' (1829). Daeth Cymro Gwyllt i'r amlwg fel cywyddwr yn Eisteddfod Penmorfa (1793) ond ei gynnyrch amlycaf oedd ei farwnadau i Ebenezer Morris a D. Evans, Aberaeron, ar y mesur 'King's Farewell'.

Ar ôl iddo farw y cyhoeddwyd casgliad o emynau Richard Jones, Hymnau a Chaniadau Ysgrythyrol a Duwiol (1836). Dyma gyfrol fechan ei seis ond gwerthfawr ei chynnwys (313 o emynau) e.e. emynau athrawiaethol ac y mae eglurder, cryfder crefydd reit drwyddyn' nhw. Fe droes drysorau o'r Salmau yn sain a moliant Seion. Pwysleisir nerth a gwerth gweddi. Goddefer a ganlyn fel esiampl o'i waith ar Salm 46...

Ein noddfa, ein nerth, ein cadernid
Un agos mewn adfyd, yw Ner
Nid ofnwn, am hyn pe symudai
Holl gylchoedd y ddaear a'r ser.
Pe treiglir i'r môr y mynyddoedd,
Cadernid holl luoedd y llawr
Duw Abram. Duw Isaac
Yw'm digon diogel yn awr.

Er rhuo o'r môr, a therfysgu,
Er crynu'r mynyddoedd ynghyd
O, Seion pryd hyn gorfoledda
A'th olwy ar bethau cyn byd.
Mae afon a'i ffrydiau rhinweddol,
Llawenydd tragwyddol a chân
A ddwg i'r gwir ddinasyddion,
Pan el y greadigaeth yn dân.

Er iddo ysgrifennu yn huawdl i gylchgronau y dydd o dan yr enw Cymro
Gwyllt yr oedd yn weddol gadarn ei farn; yn eofn ei safiad; ei bregethau yn
oluedig a gorffennedig; a'i gydwybod yn effro i gwestiynau cymdeithasol.

Tomos Richards
(*Y Tyst*, 19 Ionawr, 1984)

# BRYNENGAN

## Y Llwybrau Gynt

'I lan na thref nid arwain ddim.' meddai R. Williams-Parry am y Lôn Goed. Ni arwain y ffordd y saif Brynengan arni i unman ychwaith, dim ond i amaethdy Brynengan. Er hynny, saif y capel ar gyffordd amryw o lwybrau (llwybrau pwysig iawn yn yr hen amser a fu). Maent yn arwain fel gwe pry' cop at y capel yn y canol. Cofiaf pan oeddwn yn blentyn gyrraedd y capel ar noson braf o haf sbel cyn amser dechrau'r gwasanaeth a gweld y capelwr yn dod o bob cyfeiriad fesul un, dau a thri a chlywed eu siarad hapus fel y nesant at y capel.

*Capel Brynengan*

Yn y gaeaf 'roedd golau y capel i'w weld o bob man:
'Cannwyll a ddoder ar fryn.'
Ni anghofiaf chwaith fel y byddai goleuadau i'w gweld yn dod o bob cyfeiriad, yn enwedig ar noson dywyll. Nid oedd yn beth anghyffredin gweld hyd yn oed ambell i lamp stabl yn eu plith.
Nid oedd prydlondeb yn rhinwedd i amryw o gapelwyr Brynengan. Yn wir, tipyn o gamp oedd bod yn olaf yn cerdded i mewn. Nid oedd brys a ffwdan wedi cyrraedd yr ardal yr adeg honno. Cofiaf 'Cynan' wedi cyrraedd i bregethu ychydig cyn amser dechrau. Roedd chwarter awr neu fwy wedi mynd cyn i un o'r blaenoriaid ymddangos. Aeth 'Cynan' drwy'r gwasanaeth fel gwynt (mae'n debyg ei fod yn cael lifft adref o Fryncir neu rywle). Biti am hynny hefyd gan fy mod yn mwynhau'r bregeth yn fwy o lawer nag arfer gan ei fod yn sôn am flodau, natur, môr a phethau felly. Cyrhaeddodd yr emyn

olaf, dweud ei rhif a'r linell gyntaf, wrth gerdded i lawr o'r pulpud. 'Canwch honna!' meddai, ac 'roedd wedi diflannu drwy'r drws cyn i'r nodyn cyntaf gael ei daro ar yr organ.

Wrth sôn am ganu, clywais lawer adref, yn y Cwm, am y canu da fyddai ym Mrynengan, pan oeddynt hwy yn ifanc, ac enw Johnny, Murddun Coch, yn gysylltiedig â'r hanes hwnnw bob amser. Pan oeddwn yn blentyn byddwn yn meddwl mai canu tebyg i hwnnw fyddai canu nos Lun Diolchgarwch gyda R. Jones, y Gaerwen, efo'i lais ardderchog, yn codi canu, a John Griffith, Mynachdy Bach (Tyddyn Hir ar ôl hynny) neu fel y cai ei alw'n lleol, 'Do, Mi, So'. yn chwarae'r organ ac yn rhoddi ebwch o denor clir, soh, fah, me, ar ddiwedd ambell bennill.

Rhywbeth a ddigwyddai ym Mrynengan na welais mohono yn unman arall oedd y ffordd o hel casgliad mis. Galwai'r ysgrifennydd enwau'r aelodau fesul trefn y wyddor, ac yn dechrau gyda'r penteulu: 'Robert Davies, Tyddyn Famaeth; Owen Davies, Tyddyn Famaeth; Ellen Davies...' Yna cerddai Robert Davies o sêt top y capel yn syth ac urddasol i lawr at y pulpud bach i dalu. Byddai ei esgidiau yn rhoddi gwich bob cam a roddai (fel un o nofelau Daniel Owen), yna distawrwydd am ennyd pan gyrhaeddai'r pulpud bach. Wedyn yr un fath yn ôl i'r sêt, ond go brin fod cwilsen yn esgidiau Robert Davies.

Tri athro Ysgol Sul yr wyf yn gofio: Mrs Ann Thomas, Tŷ Capel, a fu'n dysgu to ar ôl to yn y dosbarth rhagbaratoawl. Byddai hi yn ceryddu gyda phinsiad reit egr ar eich coes, yn gwobrwyo pawb yn y dosbarth bob Sul gyda 'da-da mint'. Huw John Hughes, Bwlch Gwyn: byddai ef adref ar ei wyliau o'r coleg am wythnosau ac yn cymryd y dosbarth pobl ifanc. Y bachgen cyntaf o Frynengan i ennill ei radd. Mor wahanol a diddorol oedd ei syniadau newydd yr adeg honno. Ac Alice Griffith, Ynys Creuau.

Mae merched enwog yn rhan o draddodiad Brynengan, merched fel Lowri Williams, Jane Griffith, Sian Griffith, Beti Marc, Sedi Griffith ac i mi, mae Alice Griffith (Jones yn awr), Ynys Creuau, yn ferch a gadwodd y traddodiad ymlaen. 'Rwyf yn ddyledus iawn iddi fel athrawes Ysgol ac Ysgol Sul.

Cofiaf am y Cyfarfod Misol yn Nhremadog a dau neu dri ohonom yn cael ein cludo gan R. Jones, y Gaerwen, gyda car a merlen las. 'Roedd y ferlen yn coli ei blew ac wrth deithio yn y gwynt cawsom flew glas dros ein dillad gorau i gyd erbyn cyrraedd pen y siwrnai.

Cafodd Alice unarddeg o ymgeiswyr Arholiad Sirol i'r Cyfarfod Misol un tymor. 'Roedd D. C. Owen, Afon Wen, yn annerch y plant yn y Cyfarfod Gwobrwyo, ac wedi trefnu rhestr o gwestiynau ac atebion i ni eu dysgu. Nid wyf yn cofio'n iawn, ond rhywbeth fel hyn yr oedd hi'n mynd:

Yr ateb i'r cwestiwn cyntaf oedd 'Brynengan'.
Yna – Beth yw bryn? – lle i edrych i fyny arno.
     Beth yw engan? – lle i daro arno.
     Beth ddigwydd wrth daro ar engan? – daw gwreichion
     A fu gwreichion ym Mrynengan? – 'Do' dros bob man efo'n gilydd.
     Enwch rai ohonynt – Robert ap Gwilym Ddu, Eben Fardd, Dewi Wyn, ac yn y blaen.

Gwynfor Pritchard (Cwm gynt)
(o Capel M.C. Brynengan – Dathlu 200 Mlwyddiant, 1977)

# BWLCHDERWIN

## Ardal Bwlchderwin

'Y mae ffurfiad y gair Bwlchderwin, yn wahanol ar lafar gwlad i'r hyn ydyw mewn print yn gyffredin. Y ffurf ar lafar gwlad ydyw Bwlchderwin neu Bwlchderwyn, ond mewn print ceir Bwlchderwydd yn fwy mynych o lawer. Awgryma y ffurf olaf fod cysylltiad wedi bod rhwng y lle ar ryw adeg â'r Derwyddon. Barna eraill fod y gair yn tarddu o der a wyn (gwydn) ac yn golygu lle gwyn gwyllt a diffaeth. Barn y Parch. D. Sylvan Evans yn ei Eiriadur yw fod y gair yn tarddu o derw, lle mae'n dyfynu engreifftiau o hen ysgrifai a llyfrau Cymreig i ddangos hynny, megis: barilau derwin, oaken barrells; estyll derwin –planks; a Brynderwin, bryn wedi ei orchuddio â choed derw – oak hill. Rhoddir yr un ystyr i'r gair yng Ngeirlyfr Dr W. Richards (1749-1818) o King's Lynn (*Eiriadur Cymraeg a Saesneg*, 1798). Credir mai yr ystyr olaf sydd yn gywir.'

Owen Owens, Cors-y-Wlad gan Henry Hughes, Bryncir
(Dolgellau, 1898)

# Bwlchderwin

Er na fedd brydferthwch daear,
Er na fedd enwogrwydd llachar,
Mae rhyw swyn a ddeil yn ddibrin
Wedi aros ym Mwlchderwin.

Hawdd yw cofio hen dywysog
Cors y Wlad a'i wyneb rhychog.
Blwch y nard, na'r geiriau gerwin,
Amlach dorrai ym Mwlchderwin.

Mynych yno hêd fy nghalon
Ar adenydd chwim adgofion,
Ac mewn ambell hen gynefin
Oeda oriau ym Mwlchderwin.

Gwelwyd yma wledda lawer
Ar ddanteithion o'r uchelder;
Cafodd llawer gwael bererin
Iachawdwriaeth ym Mwlchderwin.

Ofer chwilio am wynebau
Rhai a welais hyd ei lwybrau;
Ond parhau mae symledd gwerin
Iach a durol ym Mwlchderwin.

Y mae llu o'r rhai fu yno
Gyda'r byd yn caled frwydro
Wedi mynd i wlad ddilychwin
Uwch ei dwrw o Fwlchderwin

Alafon
(o *Cymru*, 1899)

*Ganed y Parch. Owen Griffith Owen ('Alafon') ar 8 Tachwedd, 1847 yn Bwlchyrawel (a fu gynt yn dafarn), Pant-glas, Eifionydd. Treuliodd ei flynyddoedd cynnar yn gwasanaethu fel gwas bach ar ffarm. Yn ddeuddeg oed aeth i fyw at ei fodryb i ardal Carmel, Arfon, ac i weithio i Chwarel Dorothea, Tal-y-Sarn. Ar ôl hynny bu'n glerc yn Chwarel y Braich, Llandwrog Uchaf. Yn 29 mlwydd oed penderfynodd fynd i'r weinidogaeth gyda'r Presbyteriaid. Cyn iddo dderbyn galwad yn weinidog ar Gapel Ysgoldy, Llanddeiniolen, bu'n dilyn cyrnodau o addysg yn Ysgol Clynnog, Coleg y Bala, a hefyd Prifysgol Caeredin. Ordeiniwyd ef ym Mehefin, 1885. Ysgoldy fu ei unig ofalaeth, a bu yno hyd y diwedd. Bu'n agos i ennill cadair a choron yr eisteddfod genedlaethol fwy nag unwaith. O 1913 hyd ei farw yn 1916 bu'n olygydd Y Drysorfa. Cyhoeddodd ddau lyfr sef Cathlau Bore a Nawn (1912), cyfrol o farddoniaeth; a Ceinion y Gynghanedd (1915) sef casgliad o ysgrifau. Yr oedd yn ddi-briod. Bu farw 8 Chwefror, 1916, a'i gladdu ym Mynwent Brynyrodyn, Arfon.*

Cyhoeddwyd: Cofiant a Gweithiau Y Parch. O. G. Owen (Alafon) gan
Y Parch. R. H. Watkins, Ysgoldy. (Dolgellau, 1926)

*Alafon*

*Capel y 'Sgoldy, Llanddeiniolen*

# PANT-GLAS

## Owen Owens, Cors y Wlad

Ganed Owen Owens yn y flwyddyn 1800, yn Mhant-glas Ucha, ym mhen uchaf plwyf Clynnog. Gan Pant-glas Ucha y cafodd petref Pant-glas ei enw, oherwydd mai ar ran o'r ffarm yr adeiladwyd y tŷ cyntaf yn y lle, sef Pant-glas Inn, ac roedd y tir ar un adeg yn cyrraedd at orsaf reilffordd Pant-glas. Ond yng Nghors y Wlad y magwyd Owen Owens, ar lechwedd uchel, amlwg, noethlwm a chorsiog, sy'n rhedeg o Fynydd Bwlchmawr i'r wlad sydd odditano. Yno y treuliodd Owen Owens 77 o flynyddoedd olaf ei oes ymhell oddi wrth na thref na phentref.

*Tynnwyd y llun ar 18 Medi, 1876*

Roedd ei rieni, Owen Roger a Catherine Robert, Pantglas Ucha ymysg yr hen Fethodistiaid cyntaf yn Nhalygarnedd ger Llanllyfni, Arfon. Ganed a magwyd ei dad yn Penbryn, ffermdy ger Capel Pencoed, Llangybi, Eifionydd. Roedd Owen Owens yn perthyn o ochr ei fam i deulu Tanycastell, Dolwyddelan, sef y Parchgn John Jones, Talysarn; David Jones, Treborth a William Jones, gynt o'r Rhyd-ddu, a Wisconsin, U. D. A. ar ôl hynny, a hefyd i'r Parchedig Cadwaladr Owen, Dolwyddelan. Roedd Owen Owens yn frawd i Roger Owen, Tyddynygraig, Dolbenmaen, ac Evan Owen, Tirdewin. Cynhaliwyd yr Ysgol Sul yn ei thro yng nghartref Owen Owens ym Mhant-glas Ucha. Ym Mrynengan y daeth ef at grefydd ac yno y bu'n aelod am tua blwyddyn ar ôl ei droedigaeth yn 1818. Ond arferid cynnal seiat mewn tŷ yn ardal Bwlchderwin o'r enw Braich y Foel sef cartref Rhisiart Humphrey, y blaenor.

Ni bu Rhisiart Humphrey byw yn hir ar ôl adeiladu Capel Bwlchderwin, dim ond rhyw saith mlynedd, oherwydd bu farw yn mis Mehefin, 1826. Ceir hanes ei farwolaeth mewn cyhoeddiad misol bychan a gyhoeddwyd yng Nghaernarfon y pryd hwnnw o'r enw Trysor yr Ieuanc. Bu Owen Owens yn flaenor am tua hanner can mlynedd yn Mwlchderwin ar ôl hynny.

Ar 28 Mawrth 1828, priododd â Mary Owen, merch Cors-y-Wlad, oedd gryn lawer yn hyn nac ef. Cafodd ef a Mary ddeng mlynedd ar hugain o fywyd priodasol, sef hyd y flwyddyn 1860. Ymhen dwy flynedd yn ddiweddarach ailbriododd â Miss Catherine Owen. Bu Owen Owens farw yn dilyn tarawiad o ergyd y parlys, 9 Tachwedd, 1877, yn 77 mlwydd oed. Claddwyd ef ym Mynwent Capel Ucha, Clynnog.

Fel hyn yr ysgrifenwyd amdano yn *Y Drysorfa*, Ionawr, 1878:

'Collwyd un o hen flaenoriaid hynotaf y Cyfundeb yn marwolaeth y diweddar Mr Owen Owens, Cors-y-Wlad, Eifionydd. Yr oedd yn nodedig am ei ffraethineb; ond yr oedd efe yn ffrwyno y dawn bywiog hwnnw, ac yn ei dywys at wasanaeth crefydd. Yn ei gartref yr oedd yn ofalus iawn am ei gyfraniad yn y cyfarfodydd eglwysgi a'r Ysgol Sabbothol. Yn y Cyfarfod Misol edrychid arno fel hen ŵr profedig am farn dda a chrefydd dda. Ac yr oedd wedi dyfod yn gydnabyddus i'n Cymdeithasfaoedd yng Ngwynedd; a hir gofir am rai o'i sylwadau a'i weddiau .....'

(Y Parch. Roger Edwards)

Dyma ei weddi a offrymwyd ganddo yng Nghyfarfod Misol, 8 Mai, 1877, yng Nghapel Ucha, Clynnog, sef y flwyddyn y bu ef farw. Yr oedd yn ddechrau Haf, pan oedd y gwres yn anioddefol, heb yr un awel o wynt, ac yr oedd nifer o'r aelodau yn absennol. 'O Arglwydd mawr, yr ydym yn dyfod atat rhag ein blaen, yn ddiymdroi, trwy Galfaria. Yr ydym yn cael ein gwynt yno; lle y collodd yr Iesu ei wynt, yno yr ydym ni yn ei gael. Mae awel hyfryd yn nghymdogaeth y groes, ar y diwrnod poeth yma – 'Awel o Galfaria fryn.' Diolch i ti am fod mor dda wrthym yn odfa'r bore, ac am y Seiat dda. Nid oeddym wedi disgwyl llawer; maddeu i ni am hyny. A chofia am yr aelodau cloff yma, y rhai oedd yn absenol pan ddaeth yr Iesu, fel Thomas hwnw. Dyma nhw, mae yn gywilydd iddynt. Bydded iddynt gael rhywbeth yn y Cyfarfod Misol na chollant yr un Seiat eto. Dyro dywalltiad o'r Ysbryd yn odfa'r prydnawn yma, wnaiff rwyg yn nheyrnas Satan, na ddaw hi at ei gilydd byth. Cofia ni yn yr hin, mae y môr mawr yma ar gledr dy law di, gelli ei daflu i'r man y mynot ti. Tafl dipyn ohono ar ein daear sych y dyddiau

64

hyn. Y maent wedi gofyn i mi fod yn fyr. A gwyddost dithau am bob peth sydd arnom eisiau. Gadawn y ddau bregethwr (Parchgn Thomas Roberts, Jerusalem, ac Edward Price, Bangor) yn dy law, trwy Iesu Grist. Amen.'

(o *Owen Owens, Cors-y-Wlad* gan Henry Hughes, Bryncir, 1898)

*Ganed y Parchg Henry Hughes (1841-1924), gweinidog gyda'r Methodistiaid Calfinaidd yng Nghefn Isa, Rhoslan, yr ieuengaf o naw plentyn Owen ac Ann Hughes. Bu ei dad farw cyn ei eni. Symudodd y teulu i Borthmadog i fyw ac addysgwyd ef yn Ysgol Frutanaidd Pont-ynys-galch; Garndolbenmaen, Clynnog a'r Bala. Bu'n gweithio fel gwneuthurwr hwyliau llongau hyd nes oedd yn 25 oed. Dechreuodd bregethu yn y Garth (M.C.), Porthmadog, ar ôl hynny. Cafodd ei ordeinio yn 1873 a'r flwyddyn blaenorol daeth yn weinidog ar eglwysi Bryncir, Brynengan a Garndolbenmaen. Daeth yn rhydd o fugeiliaeth Garndolbenmaen yn 1882 ond bu'n gofalu am y ddwy eglwys arall am 45 o flynyddoedd. Cymerai ddiddordeb yn hanes ei enwad a bu am rhai blynyddoedd yn paratoi i gofnodi hanes Methodistiaid Llŷn ac Eifionydd. Ni lwyddodd i gwblhau'r gwaith ond ceir ffrwyth yr ymchwil hwnnw mewn erthyglau yn y gwahanol gylchgronau ei gyfnod sef Y Drysorfa, Cymru (O. M. Edwards), Y Geninen a'r Traethodydd. Llyfrau hanesyddol â gyhoeddodd yn bennaf megis: Hanes Cyfarfod Ysgolion ac Ysgolion Sabbothol y Methodistiaid Calfinaidd yn Nosbarth Eifionydd (1886), Cyfiethiad o 'Amddiffyniad i'r Methodistiaid Calfinaidd' gan Thomas Charles (1894), Hanes Robert Dafydd, Brynengan (1895), Trefecca, Llangeithio a'r Bala (1896), Owen Owens, Cors-y-Wlad (1898), Hanes Diwygiadau Crefyddol Cymru (1906), ac Atgofion am y diweddar Barch. John Williams, Llecheiddior gan Richard Eames a Henry Hughes (1885). Bu'n briod ar ddau achlysur. Y tro cyntaf priododd â Hannah, â fu farw 23 Tachwedd, 1913, yn 51 mlwydd oed; ac yna Margaret, â fu farw 27 Ebrill, 1938, yn 85 oed. Bu'r Parchg Henry Hughes farw 13 Awst, 1924, yn 83 oed, ac fe'i claddwyd ym Mynwent Tai Duon Pant-glas.*

*Yn ôl newyddion yn Y Drysorfa, rhifyn Mawrth, 1884, ceir hanes am wraig arall i'r Parchg Henry Hughes, o dan y penawd: PROFEDIGAETH CHWERW I WEINIDOG. Dywedir fod ei wraig ar nos Sadwrn, 26 Ionawr, 1884, wedi mynd ar neges i fferm Llecheiddior, tua chwarter milltir i ffwrdd o'i chartref. Cyn cychwyn, trefnodd i'w phriod, oedd yn digwydd bod adref y noson honno, ddod i'w nhôl ymhen tua awr, fel y cai ei gwmpeini i ddod adref. Ond oherwydd ei bod yn noson stormus, ac yn gwaethygu, penderfynodd ei gŵr gychwyn ynghynt. Cyrhaeddodd Llecheiddior ond nid oedd hi wedi cyrraedd yno. Aeth gyda cymdogion i chwilio amdani drwy gydol y nos. Bore drannoeth cafwyd corff Mrs Hughes wedi ei gario i lawr dair milltir islaw Bryncir, yn Afon Dwyfach. Yr oedd ei phwrs a'i harian yn ei llogell, a'i breichledau am ei garddyrnau, ond yr oedd rhywfaint o'i dillad wedi eu cludo yma ac acw gan y llif. Mae'n debyg i'r gwynt ystormus ei chwythu i'r afon pan yn croesi y bont fechan drosti. Hanai Mrs Hughes o Fachynlleth, ac nid oedd wedi priodi ond ychydig fisoedd.*

## Gwilym Pennant

Ganwyd William Powell, 'Gwilym Pennant' yn y Tai Duon, Pant-glas, yn fab i Ellis a Catrin Powell. Mab Plas y Pennant oedd Ellis, a merch Cwrtisaf oedd Catrin. Bu iddynt chwech o blant, sef Dorothy, Ellen, William, Margaret a Catherine. Bu farw ei dad pan oedd Gwilym yn naw oed, a chladdwyd ef yn Llanfihangel-y-Pennant, wrth droed Moel Hebog.

Safai y Tai Duon mewn man prydferth ac yng nghanol y golygfeydd mwyaf arddunol a rhamantus. Drwy waelod y glyn islaw ymddolena yr Afon Pennant fel sarph arianliw, gan lithro dan y torlanau a'r coedydd i'w chartref yn y beisfor obry – y dyffryn gwyrddlas, meillionog a wenai yn deg ar ruddiau a chopau moelion y mynyddoedd creigiog o'i gylch mewn diolchgarwch am y gwlaw, yr afon, a'r cysgod clyd yn yr ystormydd erch. O amgylch gwelir ysgythredd y Graig Goch a Moel Hebog yn estyn eu pennau i'r entrych. Cyfyd Moel Hebog tua 2,584 o droedfeddi uwchlaw arwynebedd y môr. Ceir y fath fawredd a thlysni anghydmarol yn y golygfeydd oddiamgylch, haf a gauaf, nes gyrru yr enaid i fath o lesmair addolgar yn nheml fawr Natur.

Bu raid i 'Gwilym Pennant' droi allan i weithio pan yn llanc ieuanc. Aeth i chwarelau llechi Llanberis, ac yno, yn swn y gaib, y rhaw, y morthwylion, y cyn, y gyllell, a llithriedau y creigiau, y deffrowyd ei awen wir. Saerniai englynion, gweai awdlau, mor loywon, naturiol, a byw, a'r nentydd lithrent i lawr dros lethrau creigiog bryniau ei wlad. Cyhoeddwyd llawer o'i weithiau, yr adeg hono, yn Y Faner, Yr Herald, a'r cylchgronau.

Galwyd ef yn 'Gwilym Pennant' oddi wrth enw afon y Pennant, ger ei gartref yng Ngarndolbenmaen. Datblygodd yn raddol fel bardd o gryn allu a chrebwyll. Deallai y cynghaneddion yn drwyadl, a medrai eu defnyddio yn gelfydd a naturiol. Ymysg rhai o'i gerddi oedd: Owain Anwyl, Dafydd a Gwen, Cariad, Princess Alice ac Adda yn edrych ar yr haul yn machlud y tro cyntaf.

Aeth i Lundain, 7 Chwefror, 1852, yn ddyn ieuanc 21 mlwydd oed. 'Roedd wedi ei eni yn Awst, 1830. Perthynai ei rieni i Gapel Isaf, Garndolbenmaen, ac yno y cododd Gwilym i fyny, gan hynny aeth yn naturiol at y Methodistiaid yn Grafton Street, ac yno y derbyniwyd ef gan y Parchg Dr Owen Thomas, Lerpwl. Priododd yn Eglwys Michael Sant, yn Pimlico, a Mary Theodore, o Lanfair Caereinion, Powys. Bu yn gweithio i Magnus, yn Pimlico, am chwe blynedd a'r hugain, ac ni cheid ei debyg yr adeg honno am gaboli cerrig ac argraffu arnynt i'w gosod yn arwyddion a hysbysiadau ar ffrynt masnachdai mawrion ein trefi. Gwelir ugeiniau o'r cyfryw heddiw yn heolydd, siopau, masnachdai a mynwentydd Llundain. Efe wnaeth y deial hardd sydd yn maes Palas Sandringham, i'r Brenin Iorwerth y Seithfed, pan oedd yn Dywysog Cymru. Efe a wnaeth ddeial awrlais Capel Spurgeon, y Metropolitan Tabernacle. Pan yn gosod y deial hwnnw i fyny yn ei le, gwaeddodd Gwilym ar foneddwr syml yr olwg arno a safai gerllaw i edrych, 'Hi mate; give us a help to get this dial up, and I'll stand you a drop of beer.' Cynorthwyodd y boneddwr ef yn ewyllysgar, a chafwyd y deial i'w le. Yna dywedodd Gwilym wrth y boneddwr, 'Come with me to get a drop of beer for helping me.' Atebodd y boneddwr ef yn dawel, 'No, thank you.' ac estynodd hanner coron i Gwilym. Charles Haddon Spurgeon (sef gweinidog y Metropolitan Tabernacle) oedd y gŵr, a mawr oedd difyrwch Gwilym a'i gynorthwywyr wrth yfed yr hanner coron yn y gwesty cyfagos.

Cychwynwyd achos Cymraeg yn Belgrave Hall, Pimlico, yn 1859 gan y Parchg J. R., Mr David Griffiths, Miss Mary Rees, Mrs Elizabeth Ellis, Mrs D. Griffiths a Miss Margaret Rees. Yn fuan wedi hynny ymunodd Mrs Hughes, gwraig 'Caledfryn', Miss Rogers, Mrs Wiggins a 'Gwilym Pennant' â'r eglwys ieuanc. Meddai Gwilym lais rhagorol, cryf, gyda goslef leddfol, felodus, a bu yn ddefnyddiol iawn i godi ac arwain y canu yn yr eglwys ieuanc hyd 1864, pryd y cymerodd 'Ap Caledfryn' at yr arweinyddiaeth yn ei le.

Yn 1885 symudodd Gwilym i fyw i Holyoak Road, Newington Butts, Lambeth; a daeth ei gyfnither, Apolonia Jones, Ffridderwig, i gadw tŷ iddo. Yna symudodd i 37 Dante Road, lle y bu farw Apolonia ar 1 Awst, 1893. Claddwyd Mary ei wraig yn Kensal Green, ac Ellis ei fab yn Hanwel, 13 Ionawr, 1895, yn 35 oed. Bu farw Myfanwy, ei ferch, yn ieuanc; ac y mae Catrin yn Sir Fôn, Mary Jane yn America, a Martha yn Llundain. Tua naw mlynedd yn ôl priododd Gwilym drachefn â Miss Jones, Westminster, a bu iddynt un plentyn a elwid Willie, yr hwn a fu farw yn ddwyflwydd oed, 4 Gorffennaf, 1898. Bu Gwilym yn byw yn 24 a 2a Temple Street, wrth Gapel Spurgeon.

Bu yn aelod yn y Borough wedi iddo symud i fyw i'r ochr honno, a chafodd lawer o garedigrwydd gan yr eglwys yno yn ystod ei gystuddiau a'i fynych wendid.

Yr oedd y Parch. Thomas Ellis, Llanystumdwy, yn gefnder iddo. Enillodd Gwilym, er nad oedd ond gweithiwr tlawd, lawer o wobrau mewn eisteddfodau lleol, talaethol a chenedlaethol. Efe gipiodd y wobr o £10 a bathodyn arian yn Eisteddfod Genedlaethol Llandudno yn 1864 am y Fugeilgerdd Ddramayddol ar gynllun Allan Ramsay. 'Owen Anwyl' yw arwr y darn. Efe enillodd y wobr a'r bathodyn yn Eisteddfod Geneldaethol Abertawe, 1863 am y gerdd 'Dafydd a Gwen'. Cipiodd y wobr a'r bathodyn arian yn Eisteddfod Llangefni, Môn, am y cywydd i'r 'Wraig Rinweddol'. Enillodd y wobr a'r bathodyn arian yn Union Chapel, Islington, capel Dr Allon, am y cywydd ar Hiraeth'. Cipiodd y wobr a'r bathodyn arian am yr awdl-bryddest ar y 'Princess Alice' yn Eisteddfod Machynlleth.

Bu yn gefnogydd selog i'r Eisteddfod drwy ei oes. Efe oedd y pumed i'r gadair ar y testun 'Cariad' yn Eisteddfod Merthyr yn 1881. Y peth diweddaf ysgrifenodd oedd dau bennill Saesneg i'r Brenin Iorwerth y Seithfed a'i Frenhines, i'w hadrodd yn y cinio brenhinol i dlodion Llundain.

Bliniwyd ef yn ddirfawr gan y cryd cymalau a'r gymalwst, ac yr oedd hynny wedi anurddo ei gorff lluniaidd a hardd yn y blynyddoedd diweddaf. Yr oedd ei wallt llaes a'i fafr dewdrwch, hir, mor ddu a'r fran gynt, wedi troi yn wynwawr, yr ysgwyddau llydain, nerthol, wedi crymu; y gwyneb llon wedi rhychu y coesau preiffion a'r breichiau cedryn-gryfion wedi meinhau a throi i grynu; y llais melusber, clochaidd, wedi colli llawer o'i nerth a'i swyn;

a'r meddwl bywiog, nerthol mewn dychymyg a chrebwyll, fu gynt yn ymddigrifio wedi gwanhau i raddau mawr.

Aeth i gyngherdd Clapham Junction nos Fercher, 9 Gorffennaf. Yr oedd yn noson wlawiog iawn, a daeth yntau adref ar ben y tram, a chafodd anwyd ar ei arenau, a brofodd yn angeuol iddo y dydd Mercher canlynol. Claddwyd ef yn Nunhead. Dyma ei fedd: rhif 26,356. Darllenai yr haul y geiriau hyn ar ei arch yng ngwaelod y bedd:

WILLIAM POWELL
Bu farw Gorphenaf 16eg,
1902,
Yn 71 oed.

Ei eiriau olaf wrth awdwr yr ysgrif hon oedd....

Mewn coffin cul o bren ca'i fod,
Heb allu symud llaw na thro'd,
Am corff yn llawn o bryfaid byw,
A'r enaid bach lle myno Duw.

D. C. Jones, Llundain

(o'r *Geninen* Gŵyl Dewi, 1905, t.71/72)


# Tai Duon – Mynwent y Mynyddoedd

Fel y mae Jerusalem a'r mynyddoedd o'i hamgylch, felly y mae mynwent y Tai Duon yng nghanol mynyddoedd Eryri. O'i hamgylch ymgyfyd y mynyddoedd mawr fel nifer o wylwyr urddasol, rhag aflonyddu o neb ar y dorf luosog a gwsg yn dawel o'i mewn. Saif y fynwent hon mewn llecyn neilltuedig, ar fin yr hen ffordd o Fryncir i Ddyffryn Nantlle. Ni welir hi o'r briffordd bresennol, ac ni freuddwydiai teithiwr anghynefin a'r gymdogaeth am fynwent yn y fath le. Nid oes na thŷ na thwlc yn agos i'r fan, ond ffermdy'r Nantcyll Ganol ryw led cae un ochr, a'r Tai Duon ryw ddau led cau yr ochr arall, oddiwrth yr hwn y cafodd y fynwent ei henw.

O'r tufewn, yng nghongl y fynwent, y mae'r hen gapel, lle y bu eglwys y Methodistiaid Calfinaidd yn addoli gynt. Ysgol Sul oedd dechreuad yr achos yn y lle. Cynhelid honno ar y cyntaf mewn cwt mochyn. A oedd y mochyn yn aelod o'r Ysgol, ni ddywedir. Pa beth bynnag am hynny, cynhyddodd yr Ysgol mor gyflym fel yr aeth y cwt yn rhy fychan i'w chynnwys. Agorwyd drws y Tai Duon iddi. Aeth hwnnw drachefn yn rhy fychan i'w chynnal, ac adeiladwyd capel, neu ysgoldy, ar y tir y saif y fynwent arno yn awr, ac yno y buwyd yn addoli am flynyddoedd lawer. Dechreuwyd pregethu yno – pregeth y prynhawn o Fwlchderwin – ac yn y man sefydlwyd hi, yn eglwys. Teimlid yn gyffredinol fod y lle yn anghyfleus i'r boblogaeth, a chodwyd capel newydd – y capel presennol – ar ymyl y briffordd ger pentref Pant-glas.

Adgyweiriwyd rhywfaint o'r tuallan i'r hen gapel dro yn ôl, ond y mae'r tu mewn yn anolygus i'r eithaf. Ymddengys yn debyg iawn i ryw hen Pharisead, yn deg oddiallan, ond oddimewn yn llawn o bopeth na ddylai fod mewn hen le ag iddo draddodiadau mor gysegredig. Trodd un o'r hiliogaeth grwydrol i mewn iddo am lety noswaith flynyddoedd yn ôl. Cyneuodd dân yn y sêt fawr – tân diethr – a bu agos iddo ei adael yn domen o ludw ar ei ôl. Bum ynddo y dydd o'r blaen, a thrwy fawr ymdrech, a pheth perygl, llwyddais i ddringo i'r pwlpud lle bu rhai o gewri'r Cyfundeb yn yr oes o'r blaen yn traddodi'r genadwri fawr am y Groes. Fel y crybwyllais, anfynych y ceir mynwent mewn lle mor neilltuedig. Y debycaf iddi y gwn i amdani

*Capel Tai Duon M.C., Rhagfyr, 2009*

ydyw mynwent Horeb ar un o fryniau Maldwyn, lle, ymhlith eraill, y gorffwys fy rhieni, a'm chwaer Elisabeth, mewn perffaith hedd, allan o ferw a rhuthr yr oes drystfawr hon.

Y gyntaf i'w chladdu yn y Tai Duon oedd geneth fechan ddwyflwydd oed o'r enw Martha, merch y Parchg John Owen,

Gwindy, Llecheiddior, neu yn fwy adnabyddus efallai, John Owen, Tynllwyn. Bu hi farw 20 Mehefin, 1847 (yn ddwy flwydd a pum mis oed). Yr oedd hi'n chwaer i'r Parchg John Owen, M.A., Cricieth. Yno hefyd y claddwyd yntau yn 1917. O fynwent mewn lle mor neilltuedig, rhyfeddais weld ynddi feddau cymaint o weinidogion a fu ŵyr enwog yn eu dydd, a rhyfeddais fwy weld fod y

*Cofeb ar feddrod y Parchg John Owen (1808-1876), Ty'n Llwyn, ym Mynwent Tai Duon*

mwyafrif ohonynt wedi marw yn ddynion gweddol ieuanc. Yma y gorwedd John Owen, Tynllwyn, tad yr M.A. Yn ei ymyl gorwedd John Williams, Llecheiddior, un o'r pregethwyr mwyaf tanllyd a welodd ein cenedl, bu yntau farw yn 61 mlwydd oed.

Yn fy ymchwil daethum at fedd pregethwr ifanc na chlywswn ei enw erioed, sef Thomas Davies, mab Hugh Davies, Ynysheli. Bu farw 16 Ebrill, 1883, yn 21 mlwydd oed, ar ganol ei gwrs fel efrydydd yn Athronfa'r Bala. Un arall o'r tadau â orwedd yma yw'r Parch. Thomas Ellis, Llanystumdwy, a fu farw 1 Mehefin, 1906, yn 81 mlwydd oed, wedi pregethu gyda'r Methodistiaid Calfinaidd am 57 mlynedd.

Yn y fan yma y gorffwys y Parch. Henry Hughes, Bryncir. Ymadawodd ef â'r fuchedd hon 13 Awst, 1924, yn 83 mlwydd oed. Wele'r argraff ar garreg ei fedd: 'Bu yn weinidog ordeiniedig cymeradwy yng Nghyfundeb y Methodistiaid Calfinaidd am 52 o flynyddoedd, ac yn gofalu yn ffyddlon am eglwysi Bryncir a Brynengan am 47 mlynedd'. Ysgrifennodd lawer, a chyhoeddodd rai llyfrau a gostiodd lafur dirfawr iddo. Yr oedd greddf yr hanesydd yn gryf ynddo.

Nid wyf yn cofio yn awr am ddim ond un weinidog arall â orwedd yn y llannerch gysegredig hon, sef y Parch. Edward Joseph, Garndolbenmaen. 'Gweinidog ffyddlawn a chymeradwy gyda'r Methodistiaid Calfinaidd am

38 mlynedd. Hunodd yn yr Iesu, 27 Hydref, 1919, yn 66 mlwydd oed. Bedd gŵr Duw.' Bu ef yn gweinidogaethu yn yr America am rai blynyddoedd. Nid wyf yn cofio ym mha le. (Milwaukee, Wisconsin; Waukesha, Wisconsin, Long Creek a Williamsburgh, Iowa; Lime Springs, Iowa). Collodd ei unig fab (Joseph R. Joseph) yn Ffrainc yn y Rhyfel Fawr Byd Cyntaf (25 Mawrth, 1918, yn 27 mlwydd oed), a diau i hynny brysuro dydd ei ymddatodiad yntau.

Amser a ballai i mi son am y llu mawr o flaenoriaid hen ac ieuainc a gwsg yn y Tai Duon. Yn y fan yma y mae beddrod Mr a Mrs Owen, Mynydd Ednyfed (Cricieth), tad a mam Mrs David Lloyd George. Yma hefyd y mae taid a nain y Parch. Ellis Llywelyn Williams, B.A., un o Olygyddion y Cyfaill (cylchgrawn gan y Cymry yn America). Fel ym mynwentydd Cymru yn gyffredin, fe geir llawer o englynion ar y meini yn Nhai Duon, rhai da iawn, ac eraill heb fod cystal. Un o'r rhai gorau yw englyn Mr J. R. Owen, Gyfelog (Bwlchderwin), ar fedd tri o blant Owen a Mary Williams, Nant Cwmbran:

Marwolaeth Mair a Willie – a Risiart
Wna i reswm dewi;
Ond ffydd ddichon fodloni
A gweld trefn mewn galw tri.

Galwodd rhywun y fynwent yn 'erw Duw'. Un o erwau gwerthfawrocaf Duw yw'r Tai Duon. Daw'r amser i minnau noswylio cyn hir, ac ni byddai dim yn well gennyf na chael beddrod o fewn ei magwyrydd, yn ymyl fy hen gyfaill, John Owen, M.A. (Fe gafodd ei ddymuniad pan fu farw 2 Medi, 1934, yn 69 mlwydd oed. Yno hefyd y gorwedd Maldwyn, ei unig fab, fu farw 21 Ionawr, 1904, yn 14 mlwydd oed).

Parchg R. H. Watkins, Pant-glas
(*Y Cyfaill Newydd*, Medi, 1931)

TAI DUON, PANT-GLAS. Adroddir am oedfa effeithiol yn Tai Duon, pan bregethai y Parchg John Jones, F.R.G.S., (1837-1906), Aberkin, Llanystumdwy. Disgrifiai long wedi glynu yn y tywod. Pan ddeuai y llanw mawr, teflid y llwyth ohoni er mwyn ei chael i nofio. Felly yr oedd yn rhaid aberthu chwantau a phleserau er mwyn nofio i'r bywyd.

Pregethodd y Parchg David Morgan (1814-83), y diwygiwr crefyddol yno yn 1860, adeg Diwygiad '59 fel y'i gelwir. Yn ystod ei anerchiad, wrth gyffwrdd a'r adnod, 'Efe a roddes iddi amser i edifarhau,' trodd at ŵr ifanc a eisteddai yn ei ymyl, a gofynnodd iddo a oedd deng mlynedd ar hugain yn ddigon o amser i ddyn edifarhau.' Atebwyd , 'Ydyw'. A yw ugain mlynedd yn ddigon?' 'Ydyw'. 'A yw blwyddyn yn ddigon?' 'Ydyw'. Angerddolai teimlad y cyfarfod gyda phob cyfyngiad o amser. 'A yw diwrnod yn ddigon?' 'Ydyw'. 'Ydych chi'n clywed ddynion annuwiol? Y mae munud yn ddigon o amser i edifarhau, y mae munud yn ddigon o amser i'ch trosglwyddo chi trwodd o farwolaeth i fywyd. O, mae amser dyn annuwiol yn werthfawr. 'Amser i edifarhau' ydyw. Chewch chi ddim blwyddyn ar y tro o law Duw – dim ond eiliad; ond y mae yr eiliad honno, pe na chaech un arall ar ei hôl, yn ddigon o 'amser i edifarhau.'

*Ganed R. H. Watkins yn ardal Horeb, ym mhlwyf Llanllugan, ar weunydd uchel Trefaldwyn Isaf. Dechreudodd ar ei weinidogaeth gyda'r Bedyddwyr, ond fe droes yn ôl at y Methodistiaid Calfinaidd, a galwyd ef yn weinidog i'r Graig a'r Dylife, yn Nhrefaldwyn Uchaf. Llafuriodd yn galed yn y saith mlynedd y bu yn y Graig. Ei ail ofalaeth oedd Bryncrug ac Abertrinant, yng Ngorllewin Meirionydd. Symudodd o Feirion i Arfon yn weinidog i Ddinorwig a'r Fachwen, lle bu Puleston Jones o'i flaen. Yno yn Arfon daeth yn gyfeillgar ac 'Alafon'. Ei ofalaeth olaf oedd yr Ysgoldy.*

*Priododd â Miss Elizabeth Jones o Ddinorwig. Ganwyd iddynt un mab sef Maldwyn, a fu farw yn 14 mlwydd oed. Treuliodd bedair blynedd olaf ei oes ym Mhant-glas ar ôl ymneilltuo o ofal eglwys. Yr unig swydd Gyfundebol a ddaeth i'w ran oedd bod yn Olygydd y Drysorfa, o fis Gorffennaf, 1927 i ddiwedd 1928. Ysgrifennodd 'Cofiant Alafon', ac yn y cyfnod y bu'n byw ym Mhant-glas ysgrifennodd fywgraffiad ar ffurf nofel, sef 'Cofiant Cyfoed'. Cyfranodd ugeiniau lawer o ysgrifau i wahanol gylchgronau, ar bob math o bynciau. Ymysg y rhai mwyaf poblogaidd gan y darllenwyr oedd ei ysgrifau ar bregethu'r Sasiynau. Ef oedd awdur yr emyn: Nesa at fy enaid, Waredwr y tlawd. Bu farw 2 Medi, 1934, ar nos Sul, a rhoddwyd ei lwch ym Mynwent Tai Duon, Pant-glas.*

# BRYNCIR

## Galarus Coffadwriaeth am y Ddamwain Ddychrynllyd

Yn 1866 yr oedd y trên yn dychwelyd o gymanfa fawr tri-misol y Methodistiaid Calfinaidd, yng Nghaernarfon, ac yn anelu i gyfeiriad Afonwen, ar y chweched o Fedi, pan ddaeth oddiwrth y cledrau yng Nglandwyfach, newydd basio gorsaf Bryncir. Trodd yn angeuol i chwech o bobl ac anafodd lawer eraill.

Gwibdaith arbennig oedd hi gan nad oedd y lein wedi ei hagor i'r cyhoedd hyd 2 Medi, 1867, ac yr oedd hi heb ei archwilio'n swyddogol gan y Bwrdd Masnach ar y pryd.

Mae'n ymddangos mai achos y ddamwain oedd y ffaith nad oedd y pwyntiau yn eu man priodol ac ni fedrai trên beidio a gadael ei chwrs priodol. Ceir adroddiad manwl o'r ddamwain mewn baled deuddeg pennill gan E.O.G. ('Ieuan o Eifion').

Rhoddir yma dri phennill o'r hanes sydd yn crynhoi y drychineb a laddod bump yn y fan ar lle, ac un sef Elizabeth Evans o Benrhyndeudraeth a fu farw'n ddiweddarach.

> Hwy aethant yn gysurus
> Am rai milldiroedd maith,
> Heb feddwl am un ddamwain
> Cyn diben pen y daith.
> 'Nôl cyrhaedd i Glanddwyfach,
> Gwnaent aros yno'n siwr,
> Lle'r oedd cyfleustra i borthi
> Y peiriant gyda dŵr.

Am ddau can llath ymhellach,
'Nôl hanes gwn yn wir,
Hwy aethant yn bur araf,
Er pasio'r points yn glir;
A'r peiriant yno'u rhywfodd
O'r llinell aeth i ffwrdd
Pa ddyn â all disgrifio
Y gofid ddaeth i'w cwrdd?

Roedd ysgrechfeydd arswydus
I'w clywed gan bob gradd,
A phump o'r teithwyr, druan,
Yn gelain wedi'u lladd;
O'r rhai'n 'roedd dau o ddynion,
A thair o ferched mwyn,
A phedwar wedi'u clwyfo,
Mae'n drwm i wrando'u cwyn.

(*Y Casglwr*, Nadolig, 1987)


Yng nghyfarfod Misol Rhydyclafdy, Llŷn a gynhaliwyd 10 ac 11 Medi 1866,
o dan Lywyddiaeth y Parchg R. Hughes, Uwchlaw'r Ffynnon, cynnigiwyd a
chefnogwyd yn y modd mwyaf unfrydol, fod llythyr yn cael ei anfon i
arwyddo cydymdeimlad yr aelodau â J. Savin, Ysw, Porthmadog, yng
ngwyneb y ddamwain ofidus a gymerodd le ar y rheilffordd newydd, nos
Iau, 6 Medi. Dangoswyd cydymdeimlad dwfn a'r bonheddwr haelionus ac
anturiaethus yn ei drallod meddwl oherwydd y drychineb. Y Parchg T.
Owen, Porthmadog a J. Watkin a luniodd y llythyr.

# Melin Llecheiddior

Nid yw'r felin heno'n malu yn y rhan fwyaf o ardaloedd yng Nghymru. Dyma un diwydiant sydd wedi diflannu bron yn gyfangwbl o'r wlad. O'r hanner cant o felinau a oedd yn brysur yn Llŷn ac Eifionydd, er enghraifft, rhyw drigain mlynedd yn ôl, prin fod mwy na dwy neu dair yn malu o gwbl erbyn hyn.

*Un o'r olwynion dŵr yn Felin Llecheiddior*

Darfu am y galw am felinydd, a chraswr a chariwr.

Un felin sy'n parhau i weithio yw Melin Llecheiddior a fu'n troi yn ddifeth ar lan afon Dwyfach er y ddeuddegfed ganrif. Mae cofnod amdani'n malu yn 1194, yn adeg Llywelyn Fawr. Llywelyn a adeiladodd Abaty Conwy ac o dan nawdd yr Abaty hwnnw, 'roedd priordy Beddgelert. Ai rhent ochrau Llecheiddior a hanner rhent y felin i gynnal y priordy. Y mae cofnod hefyd fod melinydd Llecheiddior dan orfod i gadw cŵn at wasanaeth Llywelyn i hela dyfrgwn. Sarn Llywelyn y galwai'r hen bobl y sarn, a ddefnyddid i groesi afon Dwyfach ger Llecheiddior cyn adeiladu'r bont ac oddeutu can llath yn uwch i fyny yn y gors ceid pistyll o ddŵr disglair â elwid yn Bistyll Llywelyn.

Y melinydd presennol yn Llecheiddior yw Mr Henry Evans a fu wrth y gwaith er dros hanner can mlynedd. Yno y bu ei dad a'i daid a'i hen daid o'i flaen a bu pob un o'i saith o frodyr yn gweithio yn y felin yn eu tro hefyd - Griffith Evans, a fu'n ddiweddarach yn felinydd ym Melin Rhydhir, Efailnewydd; William Evans, cyn iddo fynd i'r weinidogaeth; David Evans a droes i ffermio; J. L. Evans a aeth yn adeiladydd; R. H. Evans a ddaeth yn brif athro cyntaf un o'r colegau amaethyddol cyntaf, ym Madryn, a Bob ac Owen Evans, a laddwyd yn yr un flwyddyn yn Ffrainc yn y Rhyfel Mawr Cyntaf. Amdanynt hwy eu dau y canodd y Prifardd R. Williams Parry yr

englyn bythgofiadwy hwnnw a welir ar garreg wrth ochr bedd eu tad a'u
mam ym mynwent Llanfihangel y Pennant.

Nid fan hon y dwfn hunant – dros y môr
Dyrys, maith gorffwysant;
Ond eu cofio'n gyson gant
Ar y mynor ym Mhennant.

(*Yr Haf a Cherddi Eraill* gan R. Wms Parry, 1924)

Am Bob, hefyd – Robert Prtchard Evans, M.A. y sonia Williams Parry
yn ei englynion i'r ysgolhaig:

Llednais oedd fel llwydnos haf – llariaidd iawn
Fel lloer ddwys Gorffennaf;
O'r addfwyn yr addfwynaf
Ac o'r gŵyr y gorau gaf.

Ei wlad ni chadd ei ludw, ond yn Ffrainc
Dan ei phridd, mae nghadw;
Ei gerddi teg roddo'u twf
Ar fyfyriwr fu farw.

Eifionydd a fu inni'n baradwys
O barwydydd trefi
O na bai modd i'm roddi
Dy lwch yn ei heddwch hi.

Fe ddaw'r claf o'i ystafell hyd y maes
Ond y mae un diddichell
Na ry gam er ei gymell
Dros y môr o dir sy' mhell.

Un nodwedd arbennig o'r felin yn Llecheiddior yw fod iddi dair olwyn
ddŵr – un fawr, un dipyn llai i falu ceirch ac un lai wedyn i gorddi.
Defnyddir yr un fawr a'r un fach o hyd ond rhoes Mr Henry Evans y gorau

i falu blawd ceirch ryw bum mlynedd yn ôl. Defnyddir yno hefyd hen enwau a fu mewn bri am ganrifoedd ar wahanol rannau o'r felin. Dyna'r helm, er enghraifft, lifar i'w symud i wneud i'r meini falu'n fras neu'n fan fel bo'r gofyn. A dyna'r wain a'r bont a'r werthyd a'r gobennydd – hen enwau Cymraeg da bob un. Yr enw ar yr echel fawr sy'n dod o'r olwyn ddŵr i'r olwyn gocos wedyn yw'r paladr a gelwir y pren sy'n taro yn erbyn yr hopran bach i dynnu ŷd i lawr i'r meini yn wahoddwr. Wrth fynd a ni oddi amgylch y felin cawn Mr Evans yn sôn am y wyntyll, y gynffon, rhychion, peillio am y mwngwl a'r pegynnau a'r gerwyn – enwau sydd bellach yn prysur fynd i abergofiant.

Er iddo falu bob dydd drwy'r gaeaf diwethaf, bu newid mawr ar bethau yn oes Mr Henry Evans yn y felin. Ers stalwm deuai pobl a'u pynnau o haidd a cheirch i'w falu. Dyna eu bwyd. Yn awr i anifeiliaid yn unig y mae'r olwynion yn troi. Bu cryn newid yn y dull o dalu hefyd. Toll, a gawsai'r melinydd flynyddoedd yn ôl – un rhan allan o ddwy ar bymtheg o'r blawd a felid. Dyna oedd ei gyflog. Yr hyn a gaiff heddiw yw tâl am falu sachaid.

(*Y Cymro*, 1955)

# GARNDOLBENMAEN

## Owen Griffith ('Giraldus')
## 1832-1895

*Tanybraich, Garndolbenmaen*

Ganed 'Giraldus' yn Tanybraich, Garndolbenmaen. Addysgwyd ef yn yr ysgol leol ac yr oedd yn aelod gyda'r Bedyddwyr yn y pentref hwnnw. Wedi dilyn ei grefft fel saer llongau ym Mhorthmadog hyd nes oedd yn 30 mlwydd oed, aeth i Athrofa y Bedyddwyr yn Hwlffordd i gymhwyso'i hun ar gyfer y weinidogaeth. Bu'n weinidog ar eglwysi Moreia, Rhisga, ym Mynwy ac Abergele yng Nghlwyd ar ôl hynny.

Yn 1866 ymfudodd i'r America. Treuliodd dymor yng Ngholeg Crozer, Pensylfania, a'r flwyddyn dilynol aeth yn weinidog i Minersville, Pensylfania. Yn 1872 symudodd i Utica, Efrog Newydd, i gymryd gofal o'r eglwys yn y fan honno.

Bu 'Giraldus' yn olygydd Y Wawr, Cylchgrawn Misol y Bedyddwyr Cymreig yn America, â gyhoeddwyd yn Utica, o'i gychwyn yn 1875 hyd blwyddyn ei farw. Cyhoeddodd bedwar o lyfrau sef: *Above and Around,*

79

*containing Religious Discourses & Sermons. Together with Observations On Men and Things in Wales & America* (Utica, 1872; ail-argraffiad 1877); *Oriel o Weinidogion Bedyddwyr America* (cyhoeddwyd yng Nghymru). Yn 1887, yn dilyn ei daith i Gymru cyhoeddwyd *Naw Mis Yng Nghymru* (Utica, 1887), ac yna *Y Ddwy Ordinhad Gristnogol yn Eu Gwraidd a'u Datblygiad* (Utica, 1891) wedi ei ysgrifennu o safbwynt y Bedyddwyr.

Roedd yn dad i ddwy o ferched. Bu yr hynaf, sef Eleanor, farw ar 27 Hydref, 1893, yn 227 Blandina Street, Utica, yn 23 mlwydd oed, o'r 'peritonitis', pan oedd ei rhieni yn ymweld a Ffair Fawr y Byd yn Chicago. Roedd Eleanor yn briod â Thomas F. McGovern, Utica, ers mis Mawrth, 1892. Bu 'Giraldus' farw ar 14 Mai, 1895, yn 63 mlwydd oed.

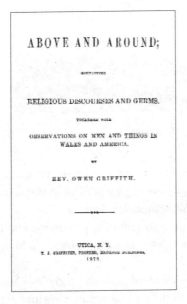

# CWM PENNANT

## Bro Cwm Pennant

Os af i ar ambell ddygwyl
Am dro i gyffiniau'r dref,
Ymwrando y byddaf i yno
Am growc a chwibanogl, a bref.

Dyna a fu i minnau, – euthum eilchwyl ar fy nghrwydriadau i'r cefndir hardd a mawreddog sydd i Gricieth a Porthmadog, hen frodir Eifion Wyn.

Cofiaf fel y codais yn sydyn o ffordd Feddgelert wrth Portreuddyn a dringo'r llwybr am Gwm Strallyn. Troais drach fy nghefn, ac wele Feirionydd tu draw i'r traethau, mawr a bychan, a mynyddoedd Ardudwy a'r arfordir yn ymestyn hyd at Aberystwyth.

Cefais fy nhraed bellach ar hen ffordd, nad oes arni, erbyn heddiw, ond ychydig dramwyo, a thawelwch y mynydd o'm deutu. Dacw ŵr unig yn cynnull ŷd yn ei gae, a chyferchais ef yn gymaint i gael ymgom ag i holi fy ffordd.

A chennyf ddigon o amser na gorchymyn neb na dim wrth fy mhen i frysio, cymerais fy hynt ar draws Cwm Strallyn i groesi drosodd i Gwm Pennant.

Euthum drwy fuarth y Braich. Wrth nesau ato, cludai'r awel lond fy ffroenau o aroglau tân mawn, a cherllaw yr oedd dwy neu dair o deisi mawn na welswn eu cyffelyb erioed. Oddiyno hebryngodd merch lednais, a'i gwallt fel y gwlân, fi hyd at gamfa a'r llwybr yn glir imi i lawr i Gwm Pennant.

Crwydrais lawer i fyny ac i lawr y Cwm, ar hyd ei waelod, ar ei lethrau bob ochr, ar ddyddiau clir a dwl. Taith ddi-angof o bentre'r Garn, trwy fwlch y Bedol, heibio i Gae'r Amws at bont y Llan, ar hyd llepen y Cwm o dan Y Brithdir, a thrwy Gwm Trwsgwl i Feddgelert.

Canfum y dydd hwnnw mor gywir yr hen bobl wrth ddodi enwau ar fynydd ac afon a thŷ. Brith oedd y crawcwellt ar y mynydd, a phob enw arall yn ffitio'n gymwys. Dyma'r Hendre a Phlas Pennant, Maes Llech a'r Ddreiniog; Braich, Cae Fadog, a Rhwng-y-ddwy-afon; a'r tlysaf o'r cwbl y Rhuddros ac Isallt, cartref y meddyg enwog, pob un yn ei le priod ei hun a'i gynefin.

Erys yr olwg gyntaf a gefais ar yr Wyddfa yn hir yn fy nghof: pan ddeuthum allan o Gwm Trwsgl, credwn bron ei bod o fewn cyrraedd cam a naid i'm traed. Nid yw'r ddwy garnedd, meddir, nemor llai na hi – Dafydd a Llywelyn. Ond gwna ffurf y Wyddfa, a'i lle heb gymar yn gwasgu arni, hi yn frenhines mynyddoedd ein gwlad.

Un gŵr yn unig a welais ar y daith honno, ac erys ei wyneb rhychiog, mwyn, a'i lais tawel gyda mi. 'Pa fwyd a gaem efo'r ffarmwrs, gynt?' meddai. 'O, bara llaeth yn y bore, cig hallt i ginio. Dewisai'r ffarmwr y fuwch deneua i'w phwyntio yna byddai'r cig i gyd yn newydd.' At de dydd Sul, doi'r penwaig chwech ugain am ddeunaw ceiniog.'

Chwith edrych ar gymaint o'r anedd-dai yn weigion ac yn chwalu'n furddynod – 'nid yw poblogaeth y cwm yma ddegwm o'r hyn fu yn y dyddiau gynt; byddai capel y Pennant yn llawn.'

Tawelach ac unicach ydyw heddiw nag y bu er ys llawer dydd:

Yng nghesail y moelydd unig,
Cwm tecaf y cymoedd yw, –
Cynefin y carlwm a'r cadno,
A hendref yr hebog a'i ryw.

Gwelaf innau fy hun yn gorwedd ar y ddaear gynnes ac yn peidio â gwneud dim ond gadael i leisiau'r cwm yn y distawrwydd ddywedyd; siffrwd y ddafad a'r oen gerllaw yn pori, a su adenydd y mân bryfed yn dirwyn i  ben eu hennyd fer o oes; a dyna granc cryg cigfran uwchben yn anelu am y graig draw, chwibaniad hir-llaes y gylfynhir, a gwylan yn hofran yn ddiymdrech â'i phlu gwynion yn dal goleuni'r haul ac yn mynd yn wynnach na chynt.

'A'r chwa dros ei thir a chwyth.'

A minnau'n croesi Pont y Llan, dyma law i fyny, a rhybydd, ac ymhen ychydig, ergyd. Euthum i fyny'r graig yng nghwmni'r rhybuddiwr, ac at ddau arall oedd yno o'n blaen. Yn ateb i'n cwestiwn, meddent.

'Dyma'r garreg fydd ar fedd Eifion Wyn ym mynwent Chwilog.'

Pan ddadorchuddiwyd honno, cofiais imi ei gweld pan saethwyd hi o'r graig sy'n sefyll megis ceidwad uwchben hen eglwys Llanfihangel y Pennant, gan wylio pawb a gerddo'i ffordd tua Chwm Pennant i geisio'i aruthredd a'i brydferthwch – er mwyn Eifion Wyn ac yn fwy er ei fwyn ei hun:

Mi garaf hen gwm fy maboed
Tra medraf i garu dim;
Mae ef a'i lechweddau'n myned
O hyd yn fwy annwyl im;
A byddaf yn gofyn bob gwawrddydd,
A'm traed ar y talgrib lle tyr,
Pam, Arglwydd, y gwnaethost Gwm Pennant mor dlws
A bywyd hen fugail mor fyr?

(gan William Griffith: *Y Ford Gron*, Mehefin 1934)

# Pennant

'Yng nghesail y moelydd unig
Cwm tecaf y cymoedd yw.'

Addas yw i ni gychwyn y daith, fel yr Afon Dwyfor, yng Nghwm Pennant –
cwm sydd yng nghanol unigedd canolbarth Eryri dros fil o droedfeddi yn
uwch na'r môr. Mae'r cwm wedi'i amgylchynu gan gymoedd eraill – Cwm
Trwsgl, Cwm Llefrith, Cwm Meillionen ac yn gwarchod y cyfan y mae Moel
Hebog a Moel Lefn.

Ac eithrio olion hen ddiwydiannau eraill, dim ond llwybrau'r defaid
sydd yma, ac amaethyddiaeth yw'r unig fywoliaeth sydd yn y cwm bellach.
Yn nechrau'r ganrif yr oedd oddeutu 43 o dai a ffermydd yn y cwm, ond bu
effaith diboblogi yn drwm ar y lle ac erbyn 1970 dim ond saith o'r tai oedd
a rhywun yn byw ynddynt yn gyson, y gweddill wedi mynd yn adfeilion neu
wedi eu gwerthu fel tai haf.

Yn y dyddiau a fu byddai'r ffermydd i'r raddau helaeth yn
hunangynhaliol – llaeth, ymenyn, caws, wyau, tatws a llysiau, a byddai
amryw ohonynt yn codi mawn neu defnyddio coed i bwrpas tanwydd.

*Capel M.C. Pennant. Daeth yr achos i ben yno yn 1996*

Porthmadog oedd y dre' marchnad, a byddai gwragedd y ffermydd yn mynd a phwysi o fenyn i'w cyfnewid am nwyddau yn y siopau.

'Roedd y mwyafrif o'r ffermydd yn cyflogi morynion a gweision ac 'roedd cymdeithas glos a bywiog yn y cwm. Y capel oedd eu canolfan gymdeithasol a byddai cynulleidfa gref yn yr oedfaon ar y Sul, a llewyrch ar y Gymdeithas Lenyddol a'r aelodau yn awyddus i ddiwyllio eu hunain.

Yr adeg hynny 'roedd eglwys yno, a sêl yr aelodau yn ddigon i gynnal Person llawn amser. Fe gofiwn tua dau ddwsin o blant yn yr Ysgol Ddyddiol hefyd o dan ofal un athro.

*Eglwys Llanfihangel-y-Pennant, lle y priodwyd Robert Jones*
*(1745-1829), Rhoslan, a Magdalen Pritchard o Langybi yn 1772*

Yr unig ddull o deithio o'r cwm oedd ynteu ar droed neu gyda char a cheffyl, a byddai raid mynd yr holl ffordd i Stesion Bryncir a gyda throliau i gyrchu blawd a glo; gellir dychmygu y cymerai hynny ran helaeth o'r diwrnod.

'Roedd dwy chwarel lechi yn gweithio ar un adeg yn y cwm, sef Moelfra a Hendre Ddu, hefyd mwyn copr y Gilfach yn Cwm Llefrith. 'Roedd chwarel Gorsedda yn Cwmstradllyn yn gweithio hefyd a rhedai lein bach o ran ucha' Cwm Pennant, galw yn chwarel Gorsedda ac ymlaen wedyn gyda'i llwyth o lechi i lawr at y cei ym Mhorthmadog.

Heddiw, mae tawelwch wedi dychwelyd i'r cymoedd – dim ond

85

brefiadau'r defaid a chân yr adar sydd i'w glywed. Fe gaeodd drws yr ysgol am y tro olaf ym mis Gorffennaf, 1939 pan oedd prin saith o enwau ar y llyfrau, ac erbyn heddiw mae'n annedd-dy i ddieithriaid, hefyd ty'r ysgol. Cynhelir oedfa b'nawn Sul yn achlysurol yn y capel, ond nid oes gwasanaeth yn yr eglwys ag eithrio disgyblion o sect wahanol a fydd yn defnyddio'r lle fel man myfyrdod.

Yn ystod misoedd yr haf mae bywyd yn dychwelyd i'r cwm – gyda'r ymwelwyr yn heidio yno yn lluoedd; i ymdrochi yn y Dwyfor ac i fwynhau'r distawrwydd. Maent hwy o leiaf yn dotio at brydferthwch y cwm a rhai ohonynt yn dewis aros yno am byth, ac un o'r pethau sy'n rhyfeddod iddynt yw'r 'bwthyn bach uncorn a weli'n y ceunant draw.' Dyma Brithdir Bach – bwthyn nodweddiadol Gymreig o'i gyfnod, sef oddeutu 1600. Yma yn 1812 cynhaliwyd Ysgol Sul cyntaf y cwm, gyda thair merch yn unig yn bresennol, ond o dipyn i beth bu cynnydd yn y nifer ac aeth y bwthyn bach yn rhy fychan iddynt. Fe symudasant i eglwys y plwy' yn 1819 ond ni chawsant groeso yno gan eu bod 'yn gweddio a chanu emynau heb ddefnyddio llyfr.'

Penderfynwyd yn y diwedd adeiladu capel bach y Pennant a chyda tŷ capel yn ei ymyl, a'r ddau yr union fesurau.' Ond fel oedd y boblogaeth yn tyfu a rhagor o weithwyr yn dod i'r gymdogaeth i weithio yn y mwyni copr, bu raid ehangu'r capel bach. Fe wnaethpwyd hyn yn 1870 a difyr yw nodi bod y cerrig a ddefnyddiwyd yn dod o Ty'n Llan, Pennant. 'Roedd raid paratoi y cerrig yn Ty'n Llan cyn eu cario i safle'r capel gan y credai'r hen ffyddloniaid y buasai'n beth anweddus i dorri ar dawelwch ac awyrgylch sanctaidd y capel gyda'r sŵn!

Tu draw i'r mwyn copr yng Nghwm Llefrith mae ogof reit helaeth , ac yn ôl yr hanes, yma y dihangodd Owain Glyndŵr am loches pan oedd ei fywyd mewn perygl. Gwnaeth hynny gyda chymorth pennaeth y Priordy ym Meddgelert, a hyd heddiw fe adwaenir yr ogof fel Ogof Owain Glyndŵr.

Yn ymyl Cwm Trwsgl mae Bwlch y Dwy Elor – nid oes sicrwydd am darddiad yr enw. Dywed rhai mai llygredd yw o'r enw Bwlch Ddeilior, hynny yw, bwrw allan neu mynediad allan o Ddyffryn Pennant, a'r stori tu cefn iddo yw hon. Pan fyddai rhywun wedi marw yng Nghwm Pennant ac i gael ei gladdu oddi allan i'r plwy' byddai'r elor yn mynd cyn belled â'r Bwlch yma ond ddim cam ymhellach. Byddai'n rhaid i elor arall eu cyfarfod yma i ddwyn y corff i'w fan gorffwys.

Stori arall yw mai dyma'r lle y byddai myneich Beddgelert yn newid elor ar eu taith wrth gario'r meirw i'w claddu ymysg plwyf gwerin Enlli.

Fel y gwelir mae rhyw debygrwydd yn y ddwy stori ac yn siwr mae'r gwirionedd yna yn rhywle. Mae'n enw hynod a rhamantus fel amryw o'r enwau eraill sy'n yr ardal hon, a hawdd yw dychmygu bod tlysni'r enwau 'ma wedi ychwanegu at y prydferthwch a ganfu Eifion Wyn pan ofynodd –

'Pam, Arglwydd, y gwnaethos Gwm Pennant mor dlws
A bywyd hen fugail mor fyr?'

Mr a Mrs R. Williams, Bontnewydd
(o *Lle Treigla'r Dwyfor* â olygwyd gan Mair Harding Roberts,
Argraffty'r M.C. , Caernarfon, 1975)

## Un o Gymry mwyaf pybyr Awstralia

Ganed William Meirion Evans yn Isallt Fawr, Cwm Pennant. 12 Awst 1826. Yn y tŷ hwnnw hefyd y ganed Gwen Roberts, y barddones, sef mam Dafydd y Garreg Wen; Guto Roberts, yr actor a hanesydd, a hefyd Dr Owen Roberts, a fu'n un o hyrwyddwyr cynnar Ysbyty Môn ac Arfon, Bangor; ac Ysbyty Gogledd Cymru, Dinbych, yn ôl yn y bedwaredd ganrif â'r bymtheg. Y mae'r lle hwnnw wedi ei leoli i'r dwyrain o Eglwys Llanfihangel-y-Pennant.

Mab i Eluned a Mary Evans oedd W. M. Evans, ac yn ŵr ifanc fe symudodd gyda'i rieni i Gatws-y-Parc, Llanfrothen, Meirionydd. Yn ystod ei flynyddoedd cynnar aeth i weithio i'r chwarael ym Mlaenau Ffestiniog. Yn y flwyddyn 1852 cafodd nifer o Gymry Melbourne, Awstralia, a'r cylch ganiatad caredig y Bedyddwyr Saesneg yn Collins Street i gynnal oedfa yn un o'u hadeiladau. Dyddiau cynnar yr ymchwil am aur a chyfoeth oedd y cyfnod hwnnw. Yn 1849 daeth awydd arno i ymfudo gyda'i gydwladwyr a chafodd waith ym mwyngloddiau copr enwocaf Awstralia y pryd hynny megis Yuttala, Burra Burra* a hefyd chwarel llechi Willanya.

Yr oedd W. M. Evans yn ŵr ifanc o argyhoeddiadau ysbrydol cryf. Trefnodd oedfaon a chafodd yr anrhydedd o fod y pregethwr Cymraeg

*Daeth yr enw Burra Burra oddi wrth y siaradwyr Hindustani a gyflogwyd yn yr ardal a'i ystyr yw 'mawr-mawr'. Y mae'n werth nodi hefyd fod trefi yr ardal yn cael eu harolygu yn 1846 gan un o'r enw Thomas Burr.

cyntaf ar gyfandir Awstralia, yn ŵr un a'r hugain oed. Yn 1850 symudodd o gloddio am gopr i Aponinga i chwilio am aur, a gweithfeydd Bendigo ar ôl hynny, sef dwy flynedd yn ddiweddarach.

Yn mis Mawrth, 1853, cyrhaeddodd yn ei ôl i Gymru, i nôl ei rieni a'r plant gyda'r bwriad o ymfudo i'r America. Ac y mae'r bennod honno â hanes diddorol o'i fywyd anturus hefyd. Yn haf, 1853, cyrhaeddont Apple River, ger pentref Elizabeth, yn Sir Joe Davis, Illinois. 'Roedd y nwyd i bregethu yn parhau a thrwyddedwyd ef i bregethu gyda'r Methodistiaid Calfinaidd. Ymhen pedair blynedd ar ôl iddo ymsefydlu yn yr America priododd ac un o ferched y sefydlwyr Cymreig, a bu'n cadw busnes yn Dodgeville, un o brif drefi Wisconsin y pryd hynny, gan ddal i bregethu ar yr un pryd. Yn ddiweddarach rhoddodd y busnes i fyny a dychwelodd i Illinois. Yn mis Mawrth, 1860, bu'n dilyn cwrs mewn amaethyddiaeth, a hefyd yn pregethu pob cyfle a gai ar y Suliau. 12 Mehefin, 1861, cafodd ei ordeinio yn weinidog ar Eglwys Gymraeg Columbus, Wisconsin.

Yn ôl pob hanes 'roedd Mrs Evans yn wan ei hiechyd ac yr oedd yntau'n bryderus amdani. Eithr loes i'w galon oedd iddynt gladdu dwy ferch fach o fewn oriau i'w gilydd, gan nad oedd yna feddyginiaeth ar gael i wella'r 'diptheria' pryd hynny. Oherwydd cyflwr ei briod felly dychwelodd drachefn i Awstralia, y tro hwn i Melbourne, ym mis Mawrth, 1863. Symudodd oddiyno unwaith eto i Ballarat i weithio yn y gloddfa aur, hefyd Sebastopol, ac ar ôl hynny Sinton, Lucky Woman a Snake Valley. Yn Ebrill, 1864, gadawodd y mwyngloddiau i fugeilio yr achos yn llawn amser yn Ballarat a Sebastopol. Yn 1865 talodd ymweliad o dair wythnos yng Nghymru a Lerpwl. Codwyd y canlynol o'i ddyddiadur am 1865: 'Hwyr Ddydd Mercher, 7 Mehefin, aethym gyda y coach o Lanllyfni i Port Madog. Yr oedd wedi 10 yr hwyr pan gyrhaeddais yno. Lletuais y noson yn yr Hotel lle y mae y cerbyd yn aros. Yr oeddwn yn talu 5 swllt am wely a boreufwyd. Wedi hynny aethym i chwilio am Mrs Jones, gwraig oedd wedi dyfod gyda mi o Ballarat. Cefais hi yn nhŷ ei thad mewn cyflwr isel o ran ei hysbrydoedd. Daeth hi a'r bachgen Esrah gyda mi i roddi tro i Nant y Pennant, hen olygfeydd fy maboed y llwybrau fum yn gerdded ym more oes. Bum trwy y gyting ac ar ben craig Isallt. Yn edrych ar y ffynnon gron yn y clogwyn wrth ben pont y llan lle yr arferem ni y plant a golchi y defaid oddiar ein dwylaw, a llawer iawn o branciau.... Wedi bodloni y llygaid a'r golygfeydd cylchynol, aethom i'r fynwent i ddarllen ar y cerrig beddau yno goffadwriaeth y rhai oedd yn bobl pan oeddwn i yn blentyn.... Yr oeddwn yn gweled o'r ffordd oddi wrth y llan fod yr hen dŷ y cefais fy ngeni ynddo wedi ei dynnu i lawr ond yr oedd y gwrychoedd a'r caeau yn aros fel o'r blaen, a ffoes y pistyll fel y galwem ni hi yn para i glydo ei dwfr tros drwyn y foel ac i lawr y cae newydd a thrwy y cae coch....'

Yn 1865 hwyliodd unwaith eto o Lerpwl i'r America, ar fwrdd yr agerddlong *Virginia*. Ond byr iawn fu ei arhosiad ef yno gan iddo droi'n ôl am Awstralia. Tua'r flwyddyn 1871 yr oedd William Meirion Evans o Gwm Pennant, yn gofalu am yr achos yn ninas Melbourne. Erbyn hynny yr oedd yno adeilad i addoli ynddo – un isel hir gyda 'Capel Cymraeg' mewn llythrennau aur uwch y drws, a thŷ i'r gweinidog a'i deulu. 'Roedd cyflwr yr adeiladau, yn arbennig y tŷ, yn warthus. 'Roedd y ffaith eu bod mewn pant gyda ffrwd yn ychwanegu at eu cyflwr gwael. Aethpwyd ati i godi capel newydd. Ysywaeth, digalonnodd y Parchg W. M. Evans oherwydd diffyg cynnydd a brwdfrydedd ei braidd, ymddiswyddodd ac aeth i fyw i Stryd Bourke yn y ddinas lle bu'n cadw siop llyfrau.

*Cerdyn post o Burra*

Y mae hanes yn cydnabod mai William Meirion Evans oedd yr argraffydd Cymreig cyntaf yn Awstralia. Ymddangosodd rhifyn cyntaf o'r Ymgeisydd ganddo yn 1865, yna Yr Ymwelydd, cylchgrawn at wasanaeth Cymry Victoria (Hydref, 1874 hyd Rhagfyr, 1876), a bu'n gyd-olygydd Yr Awstralydd gyda Theophilus Williams o 1867 hyd 1871. Bu farw nos Sadwrn, 4 Awst, 1883, yn ei gartref ar Main Road, Ballarat, wedi tri mis a'r ddeg o anhwyldeb poenus yn codi oddiar lesgedd natur'. Claddwyd ef ym Mynwent Ballarat. Gadawodd wraig a thair o ferched, yr hynaf ond deuddeg mlwydd oed. Ellen Winifred Evans (Ward ar ôl priodi) oedd yn 10 oed pan fu farw ei thad, oedd un o'r merched hynny.

## AWSTRALIA.

### Swyddfa Ymfudol Gymreig, Llynlleifiad.

 Mae yr Hwyl-long ardderchog "MONARCH OF THE SEA" (*Clipper*), perthynol i

### LINELL Y "WHITE STAR,"

i hwylio oddiyma i Melbourne ar yr 20fed o'r mis nesaf (Gorphenaf). Cludiad,

| | |
|---|---|
| Steerage | £14 |
| Intermediate | 17 |
| 2 Intermediate | 20 |
| 2 Caban | 25 |

Mae y llong anferth o fawr a chyflym hon wedi ei gosod allan yn y modd mwyaf rhagorol er eysur yr Ymfudwyr. Gall y Cymry hyny ag ydynt yn bwriadu ymfudo ynddi sicrhau eu *passage* trwy ddanfon blaen-dâl (*deposit*) o £5 yr un i'r Swyddfa yma, gan nodi eu henwau, eu hoedran, a pha ran o'r llong y maent yn bwriadu ei gymmeryd; trwy hyny, cânt Gymro i ofalu am danynt tra yn y lle peryglus yma. Ac os ydyw y Cymry mor ffol a *Bookio* efo'r *Agents* yn Nghymru, byddai yn dda genyf wybod pwy sydd i ofalu am danynt pan ddelont i Lynlleifiad. Mae'r "Amserau" wedi bod mor onest a gwrthod rhoddi y nodyn yma wrth fy hysbysiad, gan farnu, feddyliwn, mai cadw y wlad mewn tywyllwch ar y mater hyny sydd oreu. Gall y Cymry gael pob hysbysrwydd ychwanegol trwy ddanfon llythyr at

JAMES LAMB,
41, UNION STREET,
LIVERPOOL.

*Hysbyseb i ymfudwyr, o Seren Cymru, 1857*

# GOLAN

## Capel Wesla Golan

Roedd yr achos Wesla a fu yn Golan flynyddoedd lawer yn ôl yn perthyn i Gylchdaith Pwllheli, sef un o dair cylchdaith a gymerwyd oddi wrth Cylchdaith Caernarfon yn 1806, ond dim ond blwyddyn y parhaodd y datgysylltiad. Unwyd hi â Chaernarfon drachefn am y blynyddoedd 1807-09. Digwyddodd yr ail ddatgysylltiad yn 1810, a pharhaodd hyd 1816, pan unwyd hi eilwaith, a pharhaodd yr undeb hyd 1824. O hynny ymlaen arhosodd yn gylchdaith ar ben ei hun. Mae'n anodd gwybod y rheswm dros yr uno ar ôl y datgysylltu oherwydd cyrhaeddai'r gylchdaith, yn y cyfnod olaf, o Uwchmynydd i Lanfairfechan, pellter o tua 51 milltir. Yr unig reswm sy'n bwrw i'w wyneb ydi bod Wesleaeth yn wan iawn yn Llŷn ac Eifionydd bryd hynny, a bod ei chysylltu â Wesleaeth Arfon yn dod â hi i undeb a gallu cryfach. Ymysg y capeli cynnar gan y Wesla yn Eifionydd oedd Penmorfa, y Wern a Golan a ddaeth i'w diwedd cyn canol y bedwaredd ganrif a'r bymtheg, a Llanarmon, ger Chwilog, â werthwyd yn 1903.

Pan ddaeth yr achosion i ben ym Mhenmorfa a'r Wern, yr oedd rhai o'r aelodau yn cyfarfod yng Nghricieth, ac eraill ym Mhorthmadog, a rhai eraill yn Golan. Gŵr o'r enw Edward Llewelyn (1807-1887), Llwynmafon Uchaf, Ynyscynhaearn, â fu ynglŷn â'r achos ym Mhenmorfa, os nad Y Wern, a ymgymerodd â chodi capel Golan yn 1836. Costiodd £145. 'Roedd saith o ymddiriedolwyr yno gyda Mr Llewelyn yn drysorydd. Gwneir cyfeiriad at Golan yng Nghhoflyfr y Dalaith yn 1839, pan benderfynwyd fod Griffith Hughes, Lot Hughes a Methuselah Thomas i chwilio i sefyllfa'r capel yn y fan a'r lle. Nid oes yna wybodaeth ar gael am ffrwyth yr ymchwiliad hwnnw ond yn 1840 crybwyllir am Golan fel lle oedd mewn angen am 'relief Grant'. 'Roedd y capel ar Blan y gylchdaith (taflen tebyg i'r Blwyddlyfr gan y Methodistiaid) ac yn cael ei fynychu yn rheolaidd yn 1856-59, ond yn lle digalon – y seddau wedi'u tynnu ymaith, a'u hongian ym mhen y capel, ac ysgol ddyddiol yn cael ei chynnal yno. Rhif y gynulleidfa fyddai o 12 i 18. Edward Llewelyn oedd y blaenor, arweinydd y gân, a phopeth arall. Bu Morris Llewelyn, perthynas (brawd efallai) yn fawr ei sêl hefyd dros yr achos yno. 'Roedd gan Edward dair chwaer a'r tair yn fudanod sef Lowry, Elizabeth ac Elinor, oedd yn aelodau ffyddlon.

Yn y cyfnod gwan hwnnw ymfudodd rhai o'r ardal i America, rhai a fu'n noddwyr i'r achos, a chollwyd eraill drwy wahanol ffyrdd, fel yn y flwyddyn 1862 penderfynwyd cau'r achos a gwerthu'r capel. 'Roedd rhif yr aelodau yn naw bryd hynny. Daeth y capel yn ddiweddarach i feddiant y Methodistiaid Calfinaidd, ac fe godont gapel newydd ar ôl hynny a rhoi yr enw Bethel arno. Yn ôl yr hanes hen lanc crefyddol iawn ac un a fu'n nodedig o ffyddlon i'w enwad oedd Edward Llewelyn. Ar ôl i Gapel Golan gau ymaelododd gyda'r Wesleaid yng Nghricieth.

Adroddir hanes digrif am ddyn ifanc o Nefyn yn mynd i bregethu i Golan, ar ôl yr oedfa a hithau'n noson a aeaf, aeth i dreulio'r nos ar aelwyd Llwynmafon. Ar adeg priodol dangoswyd ef i'w 'stafell wely, aeth yntau i mewn, a chau y drws. Cysgodd yn dawel ond deffrodd ar gefn nos. Agorodd ei lygaid, ac ni allai weld unrhyw arwydd o oleuni. Cauodd ei lygaid drachefn, a chysgodd ymlaen. Deffrodd eilwaith, ond nid oedd y wawr wedi torri, ac fe aeth i ddechrau meddwl na welodd noson mor hir ers amser maith. Ar hynny, clywai gorn yn canu, ac roedd yn ddirgelwch mawr iddo. Penderfynodd godi rhag ofn bod rhywbeth mawr o'i le. Gwisgodd amdano ar unwaith, ac agorodd ddrws yr ystafell, ac er mawr syndod iddo roedd hi'n olau dydd a'r teulu wrthi yn bwyta eu cinio. Y dirgelwch oedd hyn, nad oedd yna unrhyw fath o ffenestr yn perthyn i'r stafell wely honno, dim ond drws, a hwnnw wedi ei gau fel na allai unrhyw oleuni ddod i'r ystafell ond trwy'r drws, a hynny pan oedd ar agor.

# CWMYSTRADLLYN

## Cau Capel Cwmystradllyn M.C.

Wrth deithio o Benmorfa am Gwmystradllyn rhaid mynd heibio, neu ddod yn agos iawn, i nifer o ffermydd sydd ac enwau pur anghyffredin arnynt. Erw Suran yw un enw, a'r ystyr tybiedig ydyw 'acer o dir cul'. Ond y mae'r gair 'suran' yn enw hefyd ar amryw lysiau surion sy'n tyfu mewn dolydd a gelltydd, megis suran y coed, suran y maes, suran y waen, ac yn wir suran y fran, a suran y gog – ac y mae suran, meddir, yn hoff-fwyd y gwcw. Felly, gall yr Erw Suran olygu acer o dir lle y ceir llysiau surion. Roedd gŵr annwyl iawn o'r enw William Roberts yn byw yn Erw Suran pan oeddwn yn hogyn yn y Port, a deuai i'n siop gig ni o leiaf unwaith yr wythnos – ar ddydd Gwener, diwrnod y farchnad, fel rheol.

Cerrig y Pryfed, ydyw enw fferm arall, a William Williams oedd yn byw yno gynt, a byddai ef yn mynd oddi amgylch i berfformio oparesion ar foch bach, a byddai yn gwneud hynny ar ein rhan ni. Perthynai cryn hiwmor i Mr

Williams, a chofiaf y byddwn i wrth fy modd pan glywn fy nhad yn dweud y byddai Mr Williams yn galw heibio yn fuan. Y mae'n debyg meddir, mai llygriad yw y gair Pryfed o peryfed, sef achos, achlysur, cynghaws, neu pen, teyrn. Felly, gwna Cerrig y Peryfed yr ystyr o Gerrig yr Achos, ac yn y blaen. Nodaf enw un fferm arall, sef Gesail Cyfarch, a gŵr o ymddangosiad bonheddig iawn o'r enw R. W. Jones oedd yn byw yno yn fy nyddiau bore i, a byddwn yn mynd a hwch yno weithiau at ei charaid. Wedi iddi fod yno am rhyw ddeuddydd deuai adref yr holl ffordd i'r Port (Porthmadog) heb neb yn ei chyrchu hi – a synnwn i ddim iddi wrth ei swn hi pan gyrraeddai ei chwt mai dweud yr oedd hithau, 'Does unman yn debyg i gartref'. Ystyr y gair Gesail ydyw 'mynwes' a golyga Cyfarch 'annerch'. Dywedir yr ymgynullid gynt i amaethdy helaeth Gesail Gyfarch i gynnal gwleddoedd cyfarch, ac mai dyma gartref bardd enwog yn ei ddydd o'r enw Cadwaladr Cesail.

Bûm yn y ffermydd hyn ac yn rhai ardal gyfagos Cwmystradllyn nifer fawr o weithiau efo fy nhad, yn prynu defaid a gwartheg. Byddai ef yn mynd hefyd yng nghwmni rhyw ddau neu dri o gigyddion eraill y Port, a byddent yn cael pryd o fwyd yn un o'r ffermydd. Cofiaf ef yn dweud hanesyn reit ddiddorol am bryd felly yng nghanol y p'nawn yn un o ffermydd y Cwm – te ardderchog, meddai. Yr oedd ef a'r ddau oedd efo fo wedi gwneud llawn gyfiawnder a'r danteithion a osodwyd ger eu bron, a chanmolai un ohonynt rhyw gacen blat fel yr 'orau a wnaed erioed'. Plesiodd hynny wraig y fferm yn fawr iawn, a chan iddi sylwi fod y canmolwr wedi bwyta bron ddigon i ddau, a meddwl na fedrai yn ei fyw fwyta ychwaneg, mentrodd ofyn iddo er mwyn ei blesio yntau, a fynnai fwy o'r gacen. Er ei syndod hi dywedodd yntau y byddai'n falch a diolchgar iawn am sleisen arall, ond bu raid i'r wraig er ei phenbleth ei hun a'i siomiant yntau gyfaddef nad oedd mymryn o'r gacen ar ôl.'

Drwy law Griffith Jones, Cefn Bifor, Cwmystradllyn, yn 1888, rhoddodd J. E. Greaves, y tir feddiannwr mawr o Fron Eifion, Cricieth, ddarn o dir i aelodau capel y Cwm arno. Fy nghysylltiad cyntaf i a'r capel oedd ar nos Sul yn niwedd 1917 neu ddechrau 1918, pan euthum yno i wrando ar fy ngweinidog, y Parch. J. Henry Williams, Tabernacl, Porthmadog. Ef a awgrymodd imi ar derfyn y seiat yr wythnos honno yr hoffai imi fynd i'r Cwm ar ôl te dydd Sul fel y cawn ddechrau oedfa yr hwyr iddo, ac yna bod yn gwmni iddo ar y ffordd adref y noson honno. Ac felly y bu, a dyna yr oedfa gyntaf erioed imi, a minnau rhwng un a dwy ar bymtheg oed, ei dechrau i bregethwr. Pregethodd yn dra rhagorol ar eiriau o'r drydedd Salm ar hugain, a chefais ddechrau oedfa iddo ym Mrynbachau ychydig fisoedd cyn marw Dr Williams yn 1921, ac yr oedd y capel yn orlawn. Pregethodd y Parch. J. Henry Williams yr un bregeth a'r un a glywais ganddo yng Nghwmystradllyn, ac er nad oedd ond rhyw ddyrnaid ohonom yn y Cwm cafodd ef oedfa fwy o lawer yno nag â gafodd ym Mrynbachau.

Y mae un peth hynod iawn yn hanes capel Cwmystradllyn – ni fu ynddo na phiano nac organ erioed.' Canu digyfeiliant bob amser, a hwnnw yn ganu mewn tiwn bob tro. Paham na bu offeryn yno tybed? Clywais y Dr J. H. Howard, Lerpwl, y pryd hynny, yn dweud wrthyf yn America am rhyw hen frawd mewn eglwys yn Sir Forgannwg oedd yn gwrthwynebu yn ffyrnig i gael organ fach i'r capel. Ond organ a gafwyd, ac ar y nos Sul cyntaf wedi iddi gyrraedd gofynnwyd i'r hen frawd ddechrau cyfarfod gweddi, ond efo'i ben yn ei blu gwrthod a wnaeth gan ddweud wrthynt am ofyn 'i'r hen beth yna,' sef yr organ, 'ddechrau y cyfarfod.' Tybed a fu gwrthwynebiad cyffelyb yng nghapel Cwmystradllyn, ac i'r gwrthwynebwr gario'r dydd?

Am flynyddoedd lawer bu cynulleidfa deilwng iawn o'r ardal yn y capel yn wythnosol – deil 100, ac yr oedd rhywun ymhob sedd. Daeth tro ar fyd, fodd bynnag, ac ers nifer o flynyddoedd bellach rhyw bymtheg neu ugain ar y gorau fyddai yn myned yno, a'r diwedd fu i'r aelodau a'r Henaduriaeth (Llŷn ac Eifionydd) benderfynu dwyn yr achos i ben yno a chau y drws. Nos Lun, 19 Mai, 1969, cynhaliwyd y gwasanaeth datgorffori o dan lywyddiaeth y Parch. T. R. Jones, Chwilog, (sydd wedi ymddeol ac yn byw ym Mhorthmadog erbyn heddiw, 2009). Cymerwyd rhan yn y gwasanaeth gan ddwy o ferched a fagwyd yn y capel yno, sef Mrs Megan Peters Davies, Ffestiniog, a Miss Megan Williams, Bontnewydd, Arfon, ac hefyd gan y Parchedigion Glynne Hughes, gweinidog olaf yr eglwys, Cerrigydrudion yn awr; J. J. Davies, Penmorfa; Edwin Parry, Cricieth; Iorweth Jones Owen, Porthmadog; R. Lewis Jones, Caernarfon, ac yna gan yr unig flaenor yno, sef Mr Gwynfor Humphreys. Wedi'r dystiolaeth mai nid cau'r drws yr oeddym am fod yr Achos wedi methu yno, ond yn hytrach oherwydd prinder pregethwr, a'r drefn newydd sydd ynglŷn â'r bywyd eglwysig, fel mewn cylchoedd eraill, yng Nghymru y dyddiau hyn, cyhoeddwyd y datgorfforiad yn swyddogol gan y Parch. T. R. Jones gan gyflwyno yr aelodau yno i ofal eglwysi'r cylch, eglwys Bethel (Golan) yn fwyaf arbennig.

Canwyd yr emyn adnabyddus, oedd yn fuddiol iawn i'r amgylchiad, 'Dan dy fendith wrth ymadael, y dymunem, Arglwydd fod,' (William Griffiths, 1777-1825), a dyblwyd a threblwyd ef gan y gynulleidfa â lanwai y capel i'r eithaf y noson honno. 'A chaewyd y drws'.

Dr R. Lewis Jones, Caernarfon
(*Yr Enfys*, Hydref/Tachwedd, 1969)


*Ganed Richard Lewis Jones ym Mhorthmadog, 27 Mawrth, 1901, yn ieuengaf o bump plentyn Richard ac Elizabeth Jones. Addysgwyd ef yn ysgolion y dref ac yr oedd yn aelod gyda'r Methodistiaid yn y Tabernacl, Porthmadog. Yn 16 mlwydd oed bu'n gweithio ar Reilffordd y Cambrian am tua chwe mlynedd. Dechreuodd bregethu pan oedd yn ddeunaw oed ac yn 1920 yr oedd yn fyfyriwr yn Ysgol Clynnog. Wedi tair blynedd yno fe aeth i Goleg Trefeca am ddwy flynedd. Bu ei fam farw o'r dropsi yn 1919 yn 53 mlwydd oed, a'i dad farw yn 1922 yn 57 mlwydd oed.*

*Cafodd ei annogi gan y Parchg Robert W. Evans, Clynnog, un a fu'n gweinidogaethu yn Wisconsin, Montana a Nebraska, i ystyried cwblhau ei astudiaethau ar gyfer y weinidogaeth yn yr America. Gadawodd Lerpwl yn 1925, yn 24 mlwydd oed. Bu ym Mhrifysgol Presbyteraidd Huron, De Dakota, cyn mynd yn weinidog ar yr Eglwys Gymraeg yn Butte, Montana. Ordeinwyd ef yn Bozeman, Montana, 16 Gorffennaf, 1927. Yna symudodd i Detroit, Michigan. Yn 1927 graddiodd yng Ngholeg Diwinyddol McCormick, yn Chicago. Yn 1941 priododd â Blodwen, merch Llewelyn R. Williams, ffermwr a blaenor yn Lime Springs, Iowa (gynt o Fôn), lle bu'n weinidog ar ôl dyfod o'r coleg.*

*Symudodd i Slatington, Pensylfania yn 1935, lle bu am wyth mlynedd. Tra yno enillodd radd doethor yng Ngholeg Colorado Springs, Colorado. Yn mis Mawrth, 1943, symudodd i Granville, Efrog Newydd, ac yna i Middle Granville yn 1947. Ar ôl hynny treuliodd y cyfan o'i weinidogaeth llawn-amser gyda'r Saeson, gan gynnwys: Ballston Spa, Efrog Newydd; Claremont Avenue, Jersey City, New Jersey ac yna Worcester, Massachusetts. Rhwng y blynyddodd hynny bu'n gaplan yng Ngwersyll Milwrol Fort Fisher, Gogledd Carolina.*

*Bu'n Llywydd mewn pump o henaduriaethau. Cafodd ei enwebu'n*

*Is-Lywydd y Gymanfa Gyffredinol yn 1946 ond gwrthododd ymgymeryd a'r swydd. Ymwelodd a Chymru yn 1938, 1949, 1961 ac 1963 pryd y bu iddo ef ymddeol o'r weinidogaeth a symud yn ôl i Cymru, i Gaernarfon i fyw gyda'i briod. Buont yno hyd mis Mawrth, 1972, pan benderfynont ddychwelyd yn ôl i'r America, i Mason City, Iowa.*

*Yn 1975 derbyniwyd ef yn Urdd Ofydd er anrhydedd yn Eisteddfod Genedlaethol Bro Dwyfor (Cricieth) am ei gyfraniad i'r bywyd Cymraeg yn yr America.*

*Cyhoeddodd ddwy gyfrol o'i* atgofion: Cerdded y Lein *(1970)*, a Sgrepan Pererin *(1971)*. *Ysgrifennai'n helaeth i'r* Goleuad, Yr Enfys, Porfeydd, Yr Herald Cymraeg *a'r* Cymro. *Roedd yn gyfranwr cyson gyda'i fyfyrdodau ar orsaf radio yn Mason City. Ar ôl iddo ddychwelyd i'r America yn 1972 cafodd wahoddiad i ofalu am Eglwys Annibynol Saesneg Rockwell, yn Mason City, ac fe'i gwasanaethodd o 1972 i 1984. Cyhoeddodd dair cyfrol Saesneg o'i bregethau:* The Itinerant Christ *(1977)*, A Letter from Christ *(1978) a* How To Choose a Friend *(1982). Bu Blodwen, ei briod, farw ar Galan Mai, 1992, ac yntau farw ar 31 Ionawr, 1993. Claddwyd y ddau yn Lime Springs, Iowa.*

# PENMORFA

## Golygfa o Ben Craig y Gesail

Uwchlaw Penmorfa, yn Eifionydd

Eisteddaf ar greigiau y Gesail
A hi yn foreuddydd o haf,
Yr haul pan gyfodo a ddywed –
"Af allan ac ymlawenhaf;"
Ac adar yr Alltwen ddyrchafant
I'r gwyngyll i ganu eu cerdd, –
Pob dyffryn sydd yn ei ogoniant,
Pob clogwyn a'i fantell yn werdd.

Cylchynir fi gan y mynyddau,
Hynafol lechweddau o fri,
Ac hyd-ddynt ŵyn ieuanc yn chwareu,
A mamau yn ateb eu cri;
Mae llanciau'r amaethdai yn dyfod
A'r buchod i'r fuches yn gaeth,
A llais y gwyryfon i'w glywed
Yn canu wrth odro y llaeth.

Mae Lleyn ac Eifionydd o tanaf,
Bro Arfon, a Meirion, a Môn;
A Chriccieth a Harlech gastellawg,
Am gewri hynafiaeth yn son;
Tri awrlais uchelsain y dyffryn
Ganfyddir o gopa y graig,
A llongau fel lefiathonod
Yn symud hyd wyneb yr aig.

Ust, dacw gerbydes y bore
Trwy fro y Llecheiddior yn dod,
Cyflawnder y byd yn ei thrymlwyth,
Newyddion y byd yn ei chod;
Chwibana boreuol beirianau,
A dyn a â allan i waith,
O'r Gest y daw dwndwr morthwylion, –
Ni ddeffry y meirw ychwaith.*

Bu'r Morfa dan ddyfroedd y diluw
Yn agos i ganrif yn ôl,
Ynysoedd hyd wyneb y dyfnder,
Eogiaid yn chwaraeu'n ei gôl;
Ond dynion sydd heddyw yn cysgu
Ar wely lle cysgai y môr,
Ein Madog, ** o ysbryd anturus,
A gauodd y dyfroedd a dôr.

Nid nepell yw'r Betws + a'r Gaerwen ++
Cartrefi dau brif-fardd eu bro,
Gerllaw y mae'r Ynys $ a Threflys $$
Lle gorwedd huawdledd dan glo;
A dacw y bwthyn lle'm ganed,
A'r pistyll yn ymyl y coed,
A'r Singrig, lle buom yn chwareu
Mor ysgafn fy mron a fy nhroed.

William Williams
Cerrig Pryfaid, Golan

* Ymysg y meirw, cwsg y Parchg John Williams, Llecheiddior.

** William Alexander Madocks, a gododd y gwrth-glawdd ym Mhorthmadog.

+ Cartref Robert ap Gwilym Ddu.

++ Cartref Dewi Wyn.

$ Ynys Cynhaearn ar waelod y dyffryn, yr eglwys a'r fynwent lle y cwsg Dafydd y Garreg Wen, ac Elis Owen, Cefn Meusydd.

$$ Treflys ar y bryn, lle yr hun Bardd Treflys.

(o *Cymru*, 1909)

O.N. Cerrig Pryfaid - enw fferm. Llygriad yw pryfaid neu pryfed o peryf neu peryfed, sef achos, achlysur, cynghaws, effaith, pen, teyrn, uchel, ac yn y blaen. Fel yna gwna Cerrig y Pryfaid yr ystyr o Cerrig yr Achos, Cerrig yr Achlysur, Cerrig y Cynghaws, Cerrig yr Effaith, Cerrig y Pen, Cerrig y Teyrn, neu Cerrig yr Uchder.

(o *Enwau Lleoedd Sir Gaernarfon* gan Myrddin Fardd, 1913)

# Edward Samuel
# (1674-1748)

Yng nghwr eithaf yr adran orllewinol o Ddyffryn Madog, gerllaw Penmorfa, yng nghysgod Moel y Gest, ac yn adsain murmur tonnau Cantre'r Gwaelod, saif plasdy gwych, gyda'i adeiladwaith cywrain, a'i erddi heirdd, hen etifeddiaeth un o deuluoedd hynaf Cymru – y Wyniaid. Oddiarno, ar greigle noethlwm, saif bwthyn bychan distadl, ond a fu a'i wedd yn llwytach a'i aelwyd yn llymach, nag ydyw heddiw. Dyma Gwt Defaid, ac yno y magwyd un o gymwynaswyr pennaf Cymru y ddeunawfed ganrif – y Parchg Edward Samuel.

Pan oedd yr Esgob Humphreys yn esgob Bangor, treuliai gyfran o'i amser yn y Gesail Gyfarch – hen gartre'i fam; a thra yno, elai i eglwys Penmorfa. Un tro, ebe traddodiad, pan oedd yn myned i lawr i'r eglwys, gwelai ddau fachgen yn chware gerllaw y pentref, wedi rhoddi eu crysau dros eu dillad. Gofynnodd yr Esgob pa beth a wnaent hwy felly? 'Chware personiaid ydan ni,' ebe hwythau. 'A leiciech chi fynd yn bersonaid?' ebe'r Esgob. 'Liciem,' ebe'r plant. 'O'r gore ynte, chwi gewch fynd,' oedd yr atebiad caredig, ac anfonodd hwy i Ysgol Rhuthun – un o ysgolion gorau y cyfnod hwnnw. John Jones, ficer Llaneurgain, ac un o hynafiaid y Parchg John Jones, Tremadog, oedd y naill; ac Edward Samuel oedd y llall.

*Cwt Defaid, Penmorfa*

Ganwyd Edward Samuel yn y flwyddyn 1674; tlawd oedd ei rieni, a phrin oedd ei fanteision boreu oes. Beth bynnag am gywirdeb y traddodiad, y mae'n sicr i'r Esgob fod a rhan yn ei gychwyniad, ac yn noddwr iddo, megis ag y bu i Elis Wyn, awdwr y Bardd Cwsg. Ar y 4ydd o Dachwedd, 1702, penododd yr Esgob Humphreys ef i fywoliaeth Betws Gwerful Goch, gerllaw Corwen. Yn Ionawr, 1721, symudwyd ef i fywoliaeth Llangar, yn yr un gymdogaeth, lle y bu farw, ar yr 8fed o Ebrill, 1748, yn 75 mlwydd oed. Mab iddo ef ydoedd Dr David Samuel, a oedd gyda Cadben Cook ar ei fordeithiau ym Moroedd y Gogledd, ac yn llygad-dyst o'i lofruddiaeth. Bu'r meddyg farw yn Llundain yn y flwyddyn 1799.

Cyfnod tywyll yng Nghymru ydoedd yr ail ganrif ar bymtheg – yn foesol a chrefyddol: cyfnod y cefnodd y cyfoethogion ar ei hiaith ac y troisant oddi wrth ei llenyddiaeth, gan adael i'r werin i farw o newyn. Dyma 'Gyfnod y Dadfeiliad' yn hanes crefydd a llenyddiaeth Cymru. Ond gyda'r ddeunawfed ganrif torrodd y wawr, a deffrodd y wlad o'i thrwmgwsg du, a theimlodd ddigwyddiad grymus. Ac un o'r rhai fu'n paratoi'r ffordd ydoedd Edward Samuel. Yn nhawelwch godreu'r Hiraethog, teimlodd fod terfynau ei blwyf ei hun yn rhy gyfyng i'w wasanaeth, ac nas gellid cylchynu i gyfrifoldeb a chlawdd terfyn; ac ymroddodd i gyhoeddi llyfrau mewn Cymraeg glân, pur, a syml. Yn eu plith: *Bucheddau'r Apostolion a'r Efengylwyr* (1704), *Gwirionedd y Grefydd Gristnogol* (1716), *Holl Ddyledswydd Dyn* (1718) a *Prif Ddyledswyddau y Cristion* (1722). Cymwynas fawr i Gymru'r oes honno oedd rhoddi llyfrau fel y rhain yn nwylaw ei phlant, ond ychydig oedd yn alluog i'w darllen, a sugno maeth ohonynt; ond daeth Griffith Jones, Llanddowror, a Madam Befan, i ddysgu hynny iddynt, a dilynwyd hwythau gan Daniel Rowlands, Howel Harris, Williams Pantycelyn, Ann Griffiths, a Charles o'r Bala. Agorwyd deall gwlad, a deffrowyd ei chydwybod; trodd cenedl gyfan ei hwyneb tua'r wawrddydd, gan ymdeithio'n amlder ei grym, a thwrf ei cherddediad yn hyglyw ymhlith cenhedloedd lawer, a chlod ei phlant yn adsain trwy'r gwledydd.

Edward Davies, Penmorfa
(o *Trysorfa'r Plant*, 1913)

*Adeg geni Edward Samuel, golchai'r Traeth Mawr odre'r bryncyn o fewn ychydig lathenni i aelwyd yr hen fwthyn, gan nad oedd Tremadog a Phorthmadog ddim yn bod y pryd hwnnw. Tybir mai ger Cwt Defaid y corlennid defaid a gwartheg pan ddisgwylir i lanw'r Traeth Mawr dreio, cyn iddynt groesi drosodd i ochr Meirionydd. Yr oedd gynt olion corlannau pwrpasol i gadw defaid o'i gwmpas, a'r tebyg yw, y cedwir defaid ynddynt am nosweithiau ar adegau, oherwydd peryglon y Traeth Mawr.*

# Llyfr 'Siop Penmorfa'

Pentre bach digon distadl yw Penmorfa heddiw – clwstwr o dai a chapel ar lethrau'r bryn uwchben Tremadog ac o boptu'r ffordd fawr i Gaernarfon. Collodd yr enw ei lawn ystyr wedi i William Alexander Madocks gwblhau'i ymdrechion i sychu'r Traeth Mawr yn nechrau'r ganrif ddwytha; ond am ganrifoedd cyn hynny 'roedd Penmorfa yn fan cyfleus i drigolion Sir Feirionnydd ar eu ffordd adre o farchnadoedd a ffeiriau Llŷn i fwrw'u lludded ac aros am drai cyn mentro dros y Traeth. 'Doedd dim rhyfedd felly i rywun mwy anturus na'i gilydd achub ei gyfle i agor siop yn y pentre tua chanol y ddeunawfed ganrif, a rhai blynyddoedd yn ôl beth ddaeth i feddiant Llyfrgell Coleg y Gogledd ond un o lyfrau cownt yr hen siop – llyfr go drwchus a chlawr lledr cadarn amdano, a'i gynnwys yn taflu goleuni diddorol dros ben ar fywyd cymdeithasol y darn hwn o Eifionydd yn ystod y deng mlynedd o 1792 hyd 1802.

Saesneg yw iaith y llyfr, a Saesneg digon cywir ar y cyfan. Rhaid fod y siopwr – gŵr o'r enw Roberts, fe dybir – wedi derbyn gwell addysg na'r rhelyw o'i gymrodyr y dyddiau hynny, oblegid, yn sicr, fe wyddai sut i gadw cyfrifon synhwyrol o'i fusnes.

Mynegai o'r cwsmeriaid a geir yn y tudalennau cyntaf, a thrwyddo, olwg ar y gymdeithas a fynychai'r siop. Enwau mân ysweiniaid yr ardal ac aelodau o'r dosbarth proffesiynol – bob un a'r rhagenw 'Mr' neu 'Mrs' yn ddefosiynol o'i flaen: Mr Jones, late Brondanw.' 'Mr Griffith Parry, Attorney.' Yna, yn dilyn yn y raddfa, y gwŷr parchedig: 'the Rev. Mr Thomas, Llanfrothen,' 'the Rev. Mr Zacheus Hughes, Esq., Trefan'; ac ar eu hol hwythau y werin bobl – asgwrn cefn y siop, yn ddyddynwyr a chrefftwyr gwlad. Ac yn eu hachos nhw fe deimlai'r siopwr y gallai hepgor unrhyw ffurfioldeb a'u galw wrth eu henwau bedydd: 'Owen Griffith, Bwlchdernog'; 'Margiad Evans, Plas Du'; neu'n syml 'William Robert son to Mary Robert Thomas, Garn'; 'Griffith pen a'r llygaid'; a 'Boy llofft stabal at Wern'. Prin fod gan nemor un o'r gymdeithas glos hon arian i'w wastraffu ar foethau. Nid fod stoc Siop Penmorfa yn un uchelgeisiol wrth gwrs, ond fe synnir pa mor eang ydoedd yn cynnwys bron popeth a ddeisyfai gwerin gwlad. 'Doedd dim sôn yn y llyfr am fenyn, caws, wyau, na chig moch – bwydydd a gynhyrchid gartre; ond mae galw cyson am de a siwgr, mêl a chyrains, 'nawr ac yn y man, halen a phupur. A dyna'r cyfan bron o'r nwyddau bwytadwy sydd ar werth.

Mae'n amlwg mai dilladach ('haberdashery') a ddôi â'r elw mwyaf i'r hen siopwr. Go brin, wrth gwrs, ei fod ar flaen ei oes gyda'i ddewis o ffasiynnau; ond eto, fe aech ymhell i'w guro am gyflenwad o'r defnyddiau cyffredin at iws gwlad: Lliain am swllt a deg a dimai'r llath, 'raven duck', ffustian gwyn, cambrig 'buckram', 'shalloon,' a 'velveteen'; botymau, twist, wsdud ac edau. 'Roedd cryn fynd, drachefn, ar ddillad dynion, yn enwedig closiau pen glin gyda'u bwclau gloewon, neu'r 'brichantrimins' chwedl yr hen Roberts – am brisiau o rhwng saith a deuddeg swllt.

Yna, mewn adran arall o'r siop, cyffuriau at wella bob afiechyd dan haul – pethau ag enwau od arnyn-nhw, fel 'Jesuit's Drops,' 'oil origanum,' 'colic water,' 'Roman vitrol,' 'purge pills,' 'fetid pills,' itch oinment,' 'stomach drops,' a 'febrifuge mixture.' Rhaid fod rhyw wytnwch anghyffredin yn perthyn i'n hen deidiau ni i allu dygymod a'r fath drwythau. Un a gredai'n ddiysgog yn yr hen feddyginiaethau oedd y Parchg Mr Jones, Brongader. Ar y deunawfed o Hydref, 1792, dyma anfon neges am gyflenwad da o 'salts'; ymhen deuddydd neu dri mae'n ymofyn tri dôs o 'drench'; erbyn dechrau Gorffennaf y flwyddyn ddilynol fe ddeil i fod yn ddigon heini i arbrofi gyda hanner peint o 'opening tincture' a photelaid yr un o 'jalop' ac 'oil of turpentine.' Rhyw druan arall tua'r un adeg yn galw'n daer am 'pills and purge for mad dog bite'; William Griffith o'r Felin Isaf, drachefn, yr un mor ffyddiog o effeithiolrwydd y 'drugs for lameness.'

Lawer tro, wrth droi dalennau'r hen lyfr siop, mi fûm i'n ceisio dyfalu sut un oedd Roberts y siopwr, wrthi'n ddygn ddydd ar ôl dydd y tu ôl i gownter ei emporiym yn y gornel anghysbell hon o Sir Gaernarfon. A'r darlun a ddaw i'r meddwl yw'r un o ŵr bach byr, heini, canol oed, egwyddorol i'r eithaf fel dyn busnes, ond ar yr un pryd mewn llawn cydymdeimlad â mân wendidau ei gwsmeriaid. Ac fe ddaw peth o'i bersonoliaeth i'r amlwg yn y sylwadau digri a dorrodd o bryd i bryd wrth gwt ambell gownt. Hwn, er enghraifft: 1794. March 3. Hugh Cae Canol – 2 pound of tobacco. He said paid – nonsens is this, see little book.

A dyma'r amryw droeon yr helpai i gadw cyfrinach ambell wraig lai darbodus na'i gilydd. Dyma a welir dan gownt Harry Evans, Tyddyn Felin, druan, un mis Mai: 'Handkerchief wife, not to tell, 1/2'; neu ar gyfer Thomas Owen, Tanyrallt: 'Goods Jenny, not to tell, 4/10½; a Morus, Ferlys, drachefn: 'Waistpiece 6/– not to tell of Morus.'

Pigion ar antur yw'r rhain o ddogfen a ymddengys ar yr olwg gyntaf yn un sychlyd ddigon, ond sydd yn sicr o'r diddordeb mwyaf i unrhyw un a chanddo'r gronyn lleiaf o ddychymyg a naws yr hanesydd.

Emyr Gwyn Jones
(*Y Gwrandawr*, Medi 1969)

## Pentre Penmorfa

*Llun: Penmorfa gan y diweddar R. J. Jones, Nefyn*

Uchel fan 'mysg chwâl feini, – ger y grug,
ar greigiog lechweddi;
Noddfa fwyn bro'r clogwyni,
Tlws ei wedd, – Tawel ei si.

R. J. Penmorfa, 1999

# Eifionydd
# (1848-1922)

Ym mis Medi, 1912, yr oeddwn yn myned o Glynnog i Gaernarfon, mewn cerbyd motor. Yr oedd peth felly yn brofiad newydd i'r rhan fwyaf ohonom yn 1912; ychydig iawn o foduron oedd i'w gweld ac ychydig o bobl mewn cymhariaeth oedd wedi bod mewn motor. Ffordd dawel iawn oedd y ffordd honno'r pryd hynny, er ei bod yn briffordd, a gallech ei cherdded yn ddigon hamddenol am filltir neu ddwy heb weld fawr ddim ond ambell drol neu feisicl. Yr oedd llwch yn drwch arni yn yr haf, fel ar bob ffordd arall, ond nid oedd yno fawr ddim i'w godi.

*Eifionydd*

Ar y dde yr oedd cae sofl, ar godiad; nid oeddwn yn gweld y cae i gyd nes dyfod at adwy, ond wrth fyned heibio i honno gwelais ddyn yn sefyll fel delw ar ganol y cae, yn agos i grib y llechwedd. Ar gip gallasech feddwl mai bwgan brain parchusach o gryn lawer na'r cyffredin oedd yno canys nid oedd yn symud o gwbl. Ond er mai cip yn unig a gefais arno, ei ambarel dan ei fraich a'i het feddal wedi ei gwthio ar ei wegil, gwelais mai 'Eifionydd' oedd yno, a chan nad oedd llwybr o gwbl ar draws y cae hwnnw methwn ddyfalu beth oedd ei neges mewn lle o'r fath. Y tro nesaf i mi ei weld yng Nghaernarfon holais, ond ni chefais fawr o groeso. 'Dianc i rywle rhag y llwch,' oedd yr ateb cwta. Nid oedd yr un car arall yn y golwg na'r un wedi pasio, yr wyf yn bur sicr, ers awr beth bynnag.

Yr oedd llawer o fân bethau od fel yna yn John Thomas ('Eifionydd'). Ni byddai byth yn dyfod i edrych amdanaf i hen swyddfa'r Genedl yn y gaeaf heb ddal clustog y gadair wrth y tân cyn eistedd arno, nac yn mynd oddi yno heb dwymo bagl ei ambarel cyn gafael ynddo. Bu yn pregethu yn y Dyffryn unwaith a holais yr hanes wedyn. 'Dyna'r dyn rhyfeddaf welais i erioed,' meddai'r sawl y bu'n aros yn ei dŷ. 'Pan welodd o mai llawr cerrig sydd ar y gegin acw mi ro'th ei ddau droed ar ffon y gadair yr oedd o'n eistedd arni, a thynnodd o mohonyn nhw oddiyno ar hyd y fin nos.' Gwelais ef yn cerdded ar hyd Stryd y Llyn yng Nghaernarfon ar ddiwrnod tesog; gwisgai got alpaca ysgafn, ond yr oedd ganddo un arall ar ei fraich rhag ofn iddi oeri yn sydyn. Yr oedd ganddo ambarel agored, rhag yr haul, a rhes o dyllau o gwmpas corun ei het feddal 'er mwyn cael aer.' Gwisgai esgidiau hoelion trwm. Canlyniad cyngor 'Powyson' oedd y tyllau yn yr het. Cwynodd 'Eifionydd' wrth ei hen gyfaill fod ei het yn boeth. 'Gofynnwch i'r crydd 'neud tyllau yni hi,' meddai'r llall.

'A'r tro nesa' gwelais i o,' meddai 'Powyson', wrth ddweud yr hanes, 'roedd o fel tase fo wedi bod yn y batl of Waterlw.!'

Poenodd 'Eifionydd' lawer yngylch ei iechyd a phoenodd gryn lawer ynghylch iechyd pobl eraill hefyd. Cynghorodd lawer arnaf i weithio ar fy sefyll wrth ddesc uchel yn lle eistedd wrth ddesc arferol. 'Mi fydd yn well ar les y'ch corff a'ch meddwl chi,' meddai yn bendant, a chredaf mai dyna ei arfer ef. Un tro, pan oeddwn yn cwyno, mynnai i mi roddi prawf ar feddyginiaeth neilltuol a phan wrthodais dywedodd yn bur ffrom mai yn Llanbeblig (mynwent y plwyf) y byddwn yn lled fuan. Dro arall gadawodd botel o ryw foddion wrth y drws, gan adael cenadwri iddo ef gael y peth hwnnw bron yn anffaeledig. Byddai yn yswilio wrth wneud pethau felly, a'i ffordd ef o ddangos ei fod yn swil oedd troi braidd yn chwyrn ac yn gwta. 'Dyn od,' meddai pawb wrth sôn am 'Eifionydd'.

Ychydig a wn i am ei flynyddoedd cynnar; ni byddai byth yn sôn amdano'i hun. Ceir peth o'i hanes yn ysgrif Anthropos arno yn Yr Ymwelydd Misol, Chwefror, 1912. Ganed ef yn Eifionydd, heb fod ymhell o'r Clenennau (Penmorfa), a phrentisiwyd ef – yn naw oed – yn argraffydd gyda Robert Isaac Jones ('Alltud Eifion'), 1813-1904, fferyllydd, hynafiaethydd, golygydd ac argraffydd yn Nhremadog. Yr oedd 'Eifionydd' a'i fryd ar fynd i'r weinidogaeth gyda'r Annibynwyr. Wedi bod yn gweithio fel argraffydd ym Mhwllheli, y Rhyl a Machynlleth aeth i Goleg Aberhonddu. Dywed Anthropos iddo aros yno dair blynedd; cafodd wely llaith ar daith gasglu, amharodd hynny ar ei iechyd weddill ei oes ac ni fynnai'r meddygon iddo fyned ymlaen i'r weinidogaeth. Pregethai yn weddol gyson hyd y diwedd.

Trodd yn ôl at ei hen alwedigaeth, a bu am dymor yn gweithio fel cysodydd yn swyddfa Eyre & Spottiswoode yn Llundain. Cydnabyddid ei fod yn un o'r cysodwyr cyflymaf a glanaf a hynny yn y dyddiau pan wneid yr holl gysodi a'r llaw. Bu yn swyddfa'r Genedl yng Nghaernarfon am flynyddoedd, yn yr adran olygyddol am beth amser, ac fel trafeiliwr ac ysgrifennydd y cwmni ar adegau eraill.

Prin y buasai neb yn honni ei fod yn fardd, er iddo lunio llu o englynion a thoddeidiau. Bu'n golygu'r *Werin* ar un adeg, a chlywais y byddai penawdau'r papur hwnnw yn cynganeddu yn ystod ei deyrnasiad ef. Yr unig enghraifft a gofiaf ydyw pennawd hanes llys ynadon lle cyhuddid dyn o ddwyn ieir. 'Dyna ffwl yn dwyn ffowls' oedd dull 'Eifionydd' o hysbysu'r peth.

Ni chlywais ef yn pregethu, ond clywais eraill yn dweud mai pregethwr sychlyd oedd, a dyna fuaswn yn ei ddisgwyl. Dywedid y byddai yn gweiddi llawer wrth bregethu yn y blynyddoedd cyntaf. Bu'n amlwg ynglyn a Gorsedd y Beirdd am gyfnod pur hir; ef oedd Cofiadur yr Orsedd. Dywed Anthropos, yn yr ysgrif y cyfeiriwyd ati, mai trwy ddylanwad ac ymdrech 'Eifionydd' yn bennaf y rhoddwyd bod i Gymdeithas yr Orsedd, ac mai ef a luniodd ei rheolau ac a drefnodd yr arholiadau am urddau ofydd, bardd a phencerdd. Eithr nid Gorseddwr nac englynwr na phregethwr oedd 'Eifionydd' yn gyntaf oll ond golygydd *Y Geninen*, a gychwynwyd ganddo ym mis Ionawr, 1883.

Ni bum erioed yn ei dŷ, ond clywais lawer o sôn am yr ystafell y byddai yn gweithio ac yn byw ynddi. Llwybr yn unig a oedd yn honno at fwrdd a thân; yr oedd y gweddill o'r llawr o dan deisi o bapurau newydd, cylchgronau, copi i'r *Geninen*, proflenni a phethau o'r fath, crynhoad blynyddoedd, ac nid gwiw i neb eu cyffwrdd.

Bu farw yn 1922 (19 Tachwedd, yng Nghaernarfon, lle y claddwyd ef) a bu'n chwith amdano ar heolydd Caernarfon – y gŵr aflonydd a'r corff gweddol dal, tenau ac esgyrniog, y farf a'r gwallt wedi britho yn drwm ers blynyddoedd, y llygaid llwydlas yn llym braidd ar yr olwg gyntaf, y cyfarchiad yn gwta ac yn aml ar gynghanedd. Gŵr o'r ganrif o'r blaen oedd 'Eifionydd', cynnyrch ei dull o feddwl ac o fyw. Gwelodd ugain mlynedd cyntaf y ganrif newydd, ond ychydig o'i farn a draethodd arni hi a'i chyfnewidiadau. Dyn unig oedd ar lawer ystyr, ac yn y diwedd ymadawodd yn hollol fel ef ei hun, yn ddistwr a heb fawr o siarad.

(o *Gwŷr Enwog Gynt 2* gan E. Morgan Humphreys, 1953)

*Crynodeb yw'r uchod o ysgrifau Edward Morgan Humphreys (1882-1955), y newyddiadurwr a darlledwr o Ddyffryn Ardudwy. Addysgwyd ef yn ysgolion sir y Bermo a Phorthmadog. Dechreuodd gymryd diddordeb mewn newyddiaduriaeth ar ôl i'w deulu symud i Lerpwl. Bu â chysylltiad a sawl papurau newydd gydol ei yrfa gan gynnwys: y* Barmouth Advertiser, Liverpool Courier, Y Genedl Gymreig, y North Wales Observer, y Liverpool Daily Post *a'r* Manchester Guardian. *Bu'n olygydd* Cymru *am gyfnod byr ac yn olygydd* Y Goleuad *ar ddau achlysur. Enillodd radd M.A. (Cymru) er anrhydedd yn 1927, a'r O.B.E. yn 1953. Yr oedd yn aelod yn Engedi (M.C.), Caernarfon. Priododd ac Annie Evans, merch E. J. Evans, â fu'n weinidog ar Eglwys Presbyteraidd Gymraeg Walton Park, Lerpwl. Cyhoeddodd:* Dirgelwch yr anialwch *(1911)*, Rhwng rhyfeloedd; Yr etifedd coll; Y llaw gudd *(1924);* Cymru a'r wasg *(1924);* Dirgelwch Gallt y Ffrwd *(1938);* Detholiad o lythyrau'r hen ffarmwr *(1939);* D. Lloyd George *(1943);* Ceulan y Llyn Du *(1944);* Y wasg yng Nghymru *(1945;* Gwŷr enwog gynt, 1 *(1950);* Profiadau golygydd *(1950);* Gwŷr enwog gynt, 2 *(1953); a* Gorse Glen *(cyfieithiad o* Cwm Eithin *gan Hugh Evans, 1948).*

# TREMADOG

## Eisteddfod Tremadog, 1851

Agorwyd Eisteddfod Tremadog, dydd Mawrth, y seithfed o Hydref, a pharhaodd am dri diwrnod. Syr Love Parry, Madryn, yn Llywydd; Talhaiarn yn fardd, ac yn ei gynorthwyo yr oedd Meurig Idris, Eos Meirion yn delynwr yr eisteddfod. Darllenwyd y cyhoeddiad ar Ynys Galch, gyda Meurig Idris yn cario'r cleddyf.

Wedi agor yr eisteddfod, ffurfiwyd gorymdaith, a dychwelwyd yn dyrfa orwych i'r ystafell eang oedd wedi ei pharatoi at y gorchwyl. Ac yma canodd Talhaiarn y Corn Gwlad am osteg; a gorchwylion y dydd a agorwyd gan y Llywydd. Gwnaed anerchiadau i'r eisteddfod gan Talhaiarn, ac a roes drinfa greulon i Ddic Shon Dafydd. Y Parch. J. Jones, Botwnnog, a adroddodd bennillion Saesneg.

Y gwobrwyon canlynol a roddwyd am y cyfansoddiadau pennaf:

Tri gini a bathodyn arian, am y deuddeg englyn gorau i'r Pellebyr i Mr William Ambrose, yr hwn a ysgrifenasai dan yr enw 'Peblig'.

Am y cerfiad gorau ar garreg, tri gini, i Isaac Rowland, Llandegai.

Am wasgod liain, gini, i Robert Roberts, Heol y Llyn, Caernarfon.

Am y traethawd gorau yn Saesneg, ar 'Gymru fel y mae, ac megis y dylai fod', deg punt, rhodd John Williams, Ysw, i 'Efrydydd', sef Mr Thomas Manuel (Callestr), Llynlleifiad. Cynghorydd y beirniad, roddi ail wobr i 'Madog', yr hwn a ysgrifenasai yn dda.

Chwaraeodd Mr E. W. Thomas ar y crwth yn dra ardderchog.

Am y cywydd i'r 'Morwr', pum punt, gan Cadben Watkin Williams, Ffriwlwyd, 'Awenydd', Iorwerth Glan Aled.

Am yr ysgwyddog gorau gwauedig, gwobr o ddwy bunt, i Miss Catherine Griffiths, o Ffestiniog, Meirion.

Pwrs a dwy bunt ynddo a roddasid gan 'Wenynen Gwent' (Lady Hall) am yr englyn gorau ar fedd Carnhuanawc. Robert Wyn o Eifion, a dyma fo...

Carnhunawc, cawr ein hynys, – gwnai'n henw,
Gwnai'n hanes yn hysbys;
Gwnai'r delyn syw'n fyw a'i fys, –

O!'r mawr ŵr – yma'r erys.'

Y wobr o dair punt, am ddeg llath o wlanen, â rannwyd rhwng John Owen, Dolbenmaen, a William Jones, Penmorfa.

Am y cywydd gorau, Coffadwriaethol am Robert ab Gwilym Ddu, gwobr o ddeg punt a bathodyn arian. 'Ioan Madog'.

Eos Meirion a chwareuodd ar y delyn, a chanwyd pennillion gan Idris Fychan, John Hughes, a Robert Owen.

Gwobr o ddeg punt, am y traethawd gorau ar y 'Moddion mwyaf effeithiol i wellhau moesau ac arferion y Cymry', i 'Ymdeithydd', sef Mr J. Morgan, argraffydd, Wrecsam.

Annerchwyd y cyfarfod yn Saesneg gan Carn Ingli, y Parch. Joseph Hughes.

Am y brydyddwaith orau i Goffadwriaeth y diweddar W. A. Madocks, Ysw. gwobr o bymtheg punt a bathodyn, i Mr William Ambrose.

I Mr Roberts o Gaernarfon, gwobr o dair punt am y defnydd gwn a'r arffedog orau o liain.

Am y brydyddwaith orau ar 'Ddoethineb Duw', Selyf ap Dewi, pymtheg punt o wobr a bathodyn. Mr Thomas Parry, Llannerchymedd.

Ymgeisiodd tri chôr am y wobr o ddeg gini. Ni phenderfynwyd am y côrau ar y dydd cyntaf, pa un oedd orau.

Ciniawyd ynghylch pump o'r gloch, ac ar ôl cinio rhoddwyd amryw lwnc destynau gwladgarol, ynghyd a llwnc destynau i amryw bersonau; a thraddodwyd amryw areithiau, pigion o'r rhai gorau, ac o'r rhai ag oeddynt yn tueddu i ddyrchafu cenedl y Cymry, a ymddangosant yn lled helaeth yn ein rhifyn nesaf (*Yr Haul*).

### Yr Ail Ddydd

Y gwobrwyon am yr englynion gorau i Ardalydd Môn a'r Llywydd, a roddwyd i Meudwy ac Ynyr.

Cynnigiwyd rhannu y wobr o ugain punt, ar 'Ddosbarth y Gweithwyr yng Nghymru' rhwng Mr Stephens, o Ferthyr, a 'Morfa Rhuddlan'.

Punt i Mr E. Jones, Llangybi, am y par sanau gorau o gochddu y ddafad.

Tri gini i Thomas Roberts, Llanfrothen, am y deg llath o'r gwlanen gorau.

Canodd Côr Llynlleifiad.

Yr englyn gorau i'r 'Wenynen', bathodyn, i Mr Robert Thomas, Plas On, Llangybi.

Yr awdl orau i Goffadwriaeth Dewi Wyn, deg punt a bathodyn, i'r Parch. R. Pierce, Llynlleifiad.

Ugain punt a bathodyn, am y Farwnad i J. Williams, Ysw, o'r Tu Hwnt i'r Bwlch, i Mr William Ambrose.

Dydd Iau cynhaliwyd Gorsedd, pryd yr urddwyd 30 yn feirdd, saith yn dderwyddon, pump yn ofyddesau, a pymtheg yn ofyddion.

Rhoddwyd amrywiol wobrwyau y dydd hwn.

(*Yr Haul*, Tachwedd, 1851)

# William Owen
# (1830-1865)

Mab i William a Beti Owen, Tremadog, oedd William Owen y cerddor. Fe'i ganed ar 11 Mai, 1830. Bu farw'n ŵr ifanc ond nid cyn iddo ef osod ei farc yn nyrchafiad cerddoriaeth yn arbennig yn ei fro, Dyffryn Madog. Addysgwyd ef yn Ysgol Frutanaidd Pontynysgalch, Porthmadog, a threuliodd gyfnod gyda'r cerddor dawnus William Owen, Garndolbenmaen. Pan fu farw ei dad, bu'n rhaid iddo ef adael yr ysgol, i gymryd gofal o fasnach coed ei dad gyda'i fam ac Owen, ei frawd. Dechreuodd astudio cerddoriaeth yn gynnar yn ei fywyd byr. Cafodd wersi organ gan nith i Iarll. Coventry, sef Mrs Coventry Jones, un a fu'n cadw ysgol breifat yn Nhremadog, a bu'r ddau yn organyddion yn Eglwys Tremadog.

Cyfansoddodd a cyhoeddodd amryw o donau ac anthemau. Daeth ei anthem: Cân Moses a Chân yr Oen (seiliedig ar eiriau o Lyfr y Datguddiad 15:3/4) yn fuddugol yn Eisteddfod Bethesda, 1851. Yn Ionawr, 1854, yn Nhremadog, cyfansoddodd ei anthem Wrth Afonydd Babilon (geiriau o Salm 137) i gyfeiliant piano neu organ gan y Dr S. Sebastian Wesley. Ef hefyd oedd awdur y tonau: Porthmadog, ac Iesu Dyrchafedig (Jesu Meine Freude) sef tôn wreiddiol yr Ellmynwr, Johana Cruger (1598-1662).

Sefydlodd William Owen Gymdeithas Gerddorol yn ei ardal, a chynhaliodd lawer o gyngherddau o safon tuag at gynorthwyo achosion dyngarol, addysgol a chrefyddol. Bu hefyd yn feirniad yn siroedd Meirionnydd ac Arfon, a byddai galw mynych amdano mewn eisteddfodau lleol.

Priododd â Miss Catherine Jones oedd yn byw ar y pryd yn Eaton Square, Llundain, ar 19 Medi, 1855, yn Eglwys St. Pancras, Llundain. Ganwyd iddynt ddau o blant sef William R. Owen a Francis Goronwy Owen.

Rhoddwyd gwobr gan bwyllgor cystadleuol Llŷn ac Eifionydd am anthem angladdol er coffa amdano ar y geiriau 'Dyddiau dyn sydd fel glaswelltyn' (Salm 103:15/17), gyda Gwilym Gwent (1838-91) yn fuddugol. Bu William Owen farw ar 2 Awst, 1865, yn 35 mlwydd oed, ac fe'i claddwyd ef ym Mynwent Penmorfa, ger Tremadog.

Am ein mwyn William mae'r wlad mewn alaeth;
Rhoddai'i iawn haeledd fri i'r ddynoliaeth;
Bu'n para i arwain meibion peroriaeth,
A'i gôr hudolus enwogai'r dalaeth;
Ac ôl ei addysg helaeth – fydd eto
Yn fanwl llawn iddo tra fo llenyddiaeth.

Ioan Madog (1812-1878)

# PORTHMADOG

## Mair Eifion
## 1846-1882

Merch i Lewis a Jennet Davies, Tregunter Arms, Porthmadog, oedd Mary Davies ('Mair Eifion'). Yno y ganed ar 17 Hydref, 1846. Capten llong oedd ei thad ac yn berchennog llongau. Bu ef farw ar 6 Awst, 1853, yn fuan ar ôl dychwelyd o un o'i fordeithiau, gan adael ei wraig a phump o blant. *Jane a Mary* oedd enw un o'i longau, a gollwyd ar ei mordaith cyntaf.

Yr oedd Mair Eifion yn ŵyres i Dafydd Sion Siams, y bardd â anwyd yn Nhremadog, ar 7 Awst, 1743. Cyfansoddodd lawer o faledi rhwng 1768 ac 1810 a'i gwerthu'n y ffeiriau a'r marchnadoedd lleol. 'Roedd hefyd yn gerddor ac yn arweinydd canu, a chyfansoddodd donau, un ohonynt oedd Priscilla sydd yn Llyfr Tonau Cynulleidfaol gan Ieuan Gwyllt (1859), ac hefyd yn Llyfr Emynau a Thonau y Methodistiaid Calfinaidd a Wesleaidd, rhif 471. Dafydd Sion Siams â ddechreuodd yr Ysgol Sul gyntaf ym Mhenrhyndeudraeth ym 1790, mewn tŷ bychan ger y Pant. Ef oedd y cyntaf i'w gladdu ym mynwent Capel Nazareth M.C., Penrhyn. Bu ef farw yn 1831.

Addysgwyd Mair Eifion yn Ysgol Uwchradd Miss Rees, merch 'Gwilym Hiraethog' (1802-83), lle y bu hyd nes oedd hi'n un ar bymtheg oed. Cymerodd ddiddordeb mewn barddoniaeth ers pan oedd hi'n ifanc ac fe'i hyfforddwyd gan 'Ioan Madog' (1812-78) ac 'Emrys' (1813-73) y prifardd bregethwr. Ymddangosodd llawer o'i gwaith yn *Y Dysgedydd*, cylchgrawn yr Annibynwyr. Yn 1875 daeth yn aelod o'r Orsedd yn Eisteddfod Genedlaethol Pwllheli. Yn 1877 ymgeisiodd ar draethawd: Ffasiynnau'r Oes yn Eisteddfod Genedlaethol Caernarfon. Cyhoeddwyd *Blodau Eifion*: sef Gwaith Barddonol Mair Eifion, Porthmadog, o dan olygiaeth ei chyfaill Gwilym Eryri (1844-1895). (Pwllheli: Argraffwyd gan Richard Jones). Dywed ei chofiannydd – 'Yr oedd ei hawen bur a llednais yn adlewyrchiad cywir o'i bywyd ar y ddaear... Yr oedd o deimladau crefyddol tu hwnt i'r cyffredin, a chanfyddir hynny'n eglur oddi wrth gynhyrchion ei hawen.' Bu farw 8 Hydref, 1882, yn 35 mlwydd oed, a'i chladdu ym Mynwent Soar (W), Talsarnau.

## Cadair wag fy mhriod yw

Cyflwynedig i'r Parch. E. H. Evans, Caernarfon.


O! ni wyddwn beth oedd tristwch,
Ond ce's brofi hynny'n awr;
Nid oes heddiw im ddiddanwch,
Torrwyd f'annwyl Jane i lawr;
Treuliais ddyddiau dedwydd yma
Gyda hi wrth fwyn gydfyw;
Hiraeth sydd wrth edrych yna –
Cadair wag fy mhriod yw.

Wedi dod o daith flinedig
Ganddi y cawn groeso llawn;
Byddai'n siriol a charedig
A gwnai bawb yn ddedwydd iawn;
Wrth roi Lizzie fach i gysgu,
Swynol fydda'i llais i'm clyw,
Ar y lle 'rwy'n awr yn syllu,
Cadair wag fy mhriod yw.

Cofiaf ei gweddiau taerion
Tra y byddaf yn y byd;
Cofiaf wnaf ei doeth gynghorion
Ro'ent im gysur lawer pryd;
Pan ar derfyn pen ei gyrfa
Yn ei llaw 'roedd Gair ei Duw,
Pwy yn wir na chydymdeimlai,
Cadair wag fy mhriod yw.

Dyma'r geiriau â ddywedodd
Cyn wynebu angau du,
'Caf eich cwrdd chwi yn y nefoedd,
Dewch a Lizzie gyda chwi;'
O mor anodd oedd ffarwelio –
Fry y ffoes o dir y byw;
Wel, rhaid i mi ddweud tan wylo,
Cadair wag fy mhriod yw.

Unig ydwyf fel pererin,
O! fy nghalon sy'n rhoi llam, –
Byth ni chaiff fy annwyl blentyn
Yma mwy hyfforddiant mam;
Tra bwy'n teithio'r byd blinderus,
Deil hiraethus deimlad byw;
Cadwaf hon er cof yn barchus,
Cadair wag fy mhriod yw.

Mair Eifion, Porthmadog
(*Dysgedydd*, Awst, 1875)

*Harbwr Porthmadog, 1910*

## Porthmadog

Rhwng creigiau Bwlch Gymwynas,
Ar hyd y Morfa maith,
Dolenna Afon Glaslyn
Yn dalog ar ei thaith;
Ond nid oes long dan hwyliau balch
Yn troi o'r Cei wrth Ynys Galch.

Ac nid oes neb yn tremio'n
Ddisgwylgar tros y bar,
Fe ddarfu'r sôn am 'Frisco',
'Brisbane' a 'Zanzibar';
'Does neb yn malio mwy am sgorn
Y moryn hwnnw gylch yr 'Horn'.

Anghofiwyd campau 'Blodwen',
Y sgwner hoywaf gaed,
A'i chriw o hogiau'r Dyffryn
A'r heli yn eu gwaed;
Tristâi y fro pan a'i i ffwrdd
A llechi 'Stiniog dan ei bwrdd.

Mae'r llanw'n dal i ddyfod,
A chilio'n ôl yn slei,
Gan adael sawrau gwymon
I loetran lond y Cei;
A chyffry'r cychod bach am dro
O'u gogwydd diog ar y gro.

Pan eura brigau'r eithin
Tros lesni'r Morfa Mawr,
A'r ceiliog llinos benddu'n
Gwarchod ei nyth bob awr.
Bydd tramwy trwm ar ffyrdd y Dre',
A chlebar Saeson lond y lle.

Ond pan ddaw barrug Hydre'
I hesbio'r Gest o'i gwin,
A brodio Braich y Penrhyn
Â rhydliw'r rhedyn crin,
Hyd strydoedd Madog cei bryd hyn,
'Ddydd Da' ym mwyniaith Eifion Wyn.

Ieuan Jones, Talsarnau, 1982

*Brodor o Dalsarnau â anwyd yn 1925, ac aelod ffyddlon o'r hen Gapel Wesla Brontecwyn gynt oedd y diweddar Ieuan Jones. Addysgwyd yn Ysgol Gynradd Talsarnau ac yna Ysgol Ramadeg y Bermo. Wedi hynny bu'n hwsmon, gweithiwr rheilffordd ac yna'n swyddog i Awdurdod Addysg Meirionnydd. Cafodd lwyddiant mewn nifer o wahanol eisteddfodau ac enillodd wobr am delyneg yn Eisteddfod Genedlaethol y Bala, 1967, a hefyd cadair yn Eisteddfod y Wladfa.*

*Ymhyfrydai Ieuan Jones yn ei dreftadaeth deuluol a Christnogol, a'r hyn a etifeddodd fel Cymro, ac fel gŵr o Feirion a'i wreiddiau yn Ardudwy. Trwythodd ei hun yn hanes ei fro a'i sir gan ymgyfarwyddo yn ei hanes a'i llên, ei gwerin a'i gwŷr enwog. Gwnaeth ei ran yn gydwybodol fel aelod ffyddlon a gweithgar yng Nghapel Bryntecwyn am yn agos i hanner can mlynedd. Bu farw Chwefror 17, 2003, yn 78 mlwydd oed, a'i gladdu ym Mynwent Newydd Dyffryn Ardudwy.*

> *Un a roes o'i ddawn a'i rin*
> *Arwr hen hogia'r werin.*

# Wil Ellis

Creadur di-gartref oedd Wil, cysgai mewn hen adeiladau ffermydd rhwng Porthmadog a'r Morfa Bychan, Llety a'r Garreg-wen ran amlaf. Meddyliai lawer ohono'i hun, yn enwedig adeg lecsiwn pan fyddai'n Rhyddfrydwr mawr ac yn rubannau i gyd. Pe buasai Maer yn bod, yn sicr y fo fuasai hwnnw. Rhyw redeg negeseuon i hwn a'r llall y byddai, neu ddal pen ceffyl i ffermwr a fyddai eisiau gwneud neges. 'Roedd pob ceiniog a gai o am hynny yn ffortiwn. Dim ond 'thanciw' a gafodd gan rywun a dyna fo'n gofyn, 'ble gwna i ei wario fo?'

Dywed J. H. Jones, cyn-olygydd *Y Brython*, yn ei lyfr *Gwin y Gorffennol* y byddai'n arfer galw yn y siop lle prentisiwyd J. H. Jones, siop ddillad, gyda llaw. Deuai Wil i'r siop, fe'i gosodai ei hun ar gadair i orffwyso a chlebran, yna, ymhen ysbaid, gogwyddai ei ben ar y cowntar, syrthiai i gysgu a daliai i chwyrnu dros y lle nes cael ei ddeffro gan yr haid o bryfed a hedai i'w safn. Â'i ar ei dro i'r capeli neu i'r eglwysi. Yr un fyddai y stori fan honno, syrthio i gysgu a chwyrnu dros y lle.

Daeth fy nhaid a'm nain i fyw i Borthmadog cyn i'r dref gael ei hadeiladu i gyd. Bu'n rhaid iddynt ddechrau byw trwy rannu tŷ gyda Rhys Jones, y Stemar, a'i wraig ym mhen pellaf Heol Madog. Tŷ tafarn o'r enw y Prince of Wales oedd y tŷ olaf yn y rhes gyferbyn a hwy. Gwraig o'r enw Catherine Thomas a gadwai'r tŷ a bu'n garedig iawn wrth Wil, meddai nain. Cai gysgu weithiau mewn rhyw adeilad oedd yn y cefn ac fe roddodd lawer iawn o fwyd iddo.

Byddai wrth ei fodd yn cael eistedd wrth y tân yn y Prince a chael ambell lasiad gan hwn a'r llall. Rhwng y tân a'r glasiad syrthiai Wil i gysgu a dyna'r chwyrnu wedyn.'

Ymwelai amryw wragedd capteniaid â Mrs Thomas gan basio Wil wrth gwrs, ddim yn cymryd arnynt ei weld. Gwnai hyn Wil yn gynddeiriog, a byddai'n gweiddi 'Dangoswch i mi y'ch Iesus, y 'bitches', ac mi ddeuda i wrthach chi pwy bia y'ch llonga chi a'ch tai chi'. Byddwn yn methu â deall beth oedd y 'Iesus' yma, pan fyddai fy Ewythr John yn dynwared Wil. Siars fyddai gan bobl yn y llongau a 'lease' ar eu tai. Rhaid fyddai i Mrs Thomas droi Wil allan ar ôl iddo fynd i'r fath stêm.'

Bu farw 18 Ebrill, 1875, yn bump a thrigain oed. Mae ei fedd wedi ei rhoddi gan ryw Dr Robert Roberts. Gwnaeth y bardd Cynhaearn farwnad iddo ac fe ddyfynnai J. H. un o'r penillion yn ei ysgrif:

Os arwyddai ffurf ei wyneb
Fod yn Wil ychydig 'wall',
Ei gyfrwystra oedd ddihareb,
A'i ffraethineb yn ddi-ball;
'Roedd yn onest, ac yn ffyddlon,
Tystion i'w gywirdeb gawn,
Bu yn rhodio llwybrau union
Gyda choesau ceimion iawn.'

Clywais fod y geiriau yma ar ei garreg fedd yn Ynys Cynhaearn:

Cysga Wil, a phaid â chwyrnu.'

(o *Atgofion am Borthmadog a'r Cylch*, gan Ann Evelyn James, 1982)

# BORTH-Y-GEST

## Pentref Mynydd a Môr

*Borth-y-Gest*

Moel-y-Gest yn ymyl gaf
Yn y gwydr pan godaf,
A choryn hardd ei charn hi,
Yn chwilgar uwch y weilgi.

Eben Fardd

Llecha pentref Borth-y-Gest ar odre Moel-y-Gest ym Mae Tremadog, rhyw filltir o dre Porthmadog, mewn man dihafal ei gogoniant. Ar draws afon Glaslyn gyferbyn , cyfyd mynyddoedd Meirionydd ac ymgolli tua'r dwyrain yn Eryri.

I'r de-orllewin chwery'r tonnau dros Gantre'r Gwaelod. Clywir trymru'r feisdon ar y Bar mewn cynghanedd a si'r awel yn y deri y tu cefn i'r pentref. Adeiladwyd y pentref ogylch bae bychan ar ffurf pedol. Nid oes hanes hynafol iddo, oddi eithr am ambell annedd, wedi ei ail adeiladu, gan fwyaf. Trefnwyd comisiwn i benderfynu i ba stâd y rhennid y Gest, ai i'r Clennenau ynteu i'r Rhiwlas.

## Croesi'r tywod

Rhyw 70 mlynedd sydd o hanes i'r pentref. Cyn taflu Morglawdd Madog ar draws y Traeth Mawr, a chyfyngu Glaslyn i un sianel, rhedai'r afon tua'r môr yma ac acw hyd y tywod.

Y pryd hynny gellid croesi ar ddistyll o Sir Feirionnydd dros y tywod, i'r lle y saif y pentref heddiw, yna tros gesail orllewin Moel-y-Gest tua Phentrefelin a Chricieth.

Gwelir hyd heddiw yn y fan honno, a elwir Ben Cybi, ôl troliau a cheir llusg wedi ei wisgo'n ddwfn i'r graig. Porth o Feirion i Gaernarfon, felly, a olygir wrth yr enw, a saif yn hen drefgordd y Gest.

## Yr 'Hen Witch'

Yr adeg yma, ni ddeuai llongau ymhellach nac Ynys Cyngar, lle y llwythid hwy a cherrig o chwarel Bron-y-foel, fferm fu unwaith yn gartref i Hywel y Fwyell (1300?-1381?). Dygid y cerrig i lawr mewn cawellau ar gefn meirch. Yng Nghoed-y-borth trigai hen wraig a elwid 'Rhen Witch', a roddai i'r morwyr gylymau arbennig i sicrhau mordaith lwyddiannus.

Wedi i'r afon dorri sianel iddi ei hun, gellid hwylio llongau ymhellach i fyny, a gwnaed Porthladd Madog. Daeth angen am 'beilats' a manteisiwyd ar sefyllfa'r Borth, yng ngolwg y môr agored, i adeiladu tai iddynt. Dyna ddechrau'r pentref, a gelwir hwy hyd heddiw yn 'Dai'r Peilats.'

## Lansio'r llongau

Fe sonnir o hyd am ddigwyddiad 'boddi'r peilats.' Ym mis Ebrill, 1880, aeth cwch allan i roi peilat yn y Rebecca; wrth ddychwelyd, dymchwelodd ar y Bâr a boddwyd tri o bedwar ohonynt.

Dechreuwyd adeiladu llongau, a chynhyddodd y pentref yn gyflym. Yr amser yma boddid murmur y llanw gan drwst diwydiant. Tinc morthwylion yn erbyn haearn, ac wylofain llifiau mewn derw gwydn, a glywid o fore gwyn hyd hwyr.

Cof cyntaf aml o'r trigolion heddiw yw'r rhwysg a'r dwndwr ar lansio llong ar dop y llanw.

## Aberth y môr

Yma y lansiwyd y barc *Pride of Wales*, y *Cricieth Castle*, y *Snowdonia*, a'r brig *Ellen Greaves*, a llu eraill. Collwyd y sgwner Sarah Evans y llynedd, a d'oes yn aros o longau'r Borth ond y *Cadwaladr Jones*. Prudd ddigon fyddai'r pentrefwyr yn aml yr amser yma, pan alwai'r môr am ei aberth. Hwyliodd aml long na chlywyd sôn amdani wedyn.

Mae yn y pentre dri chapel ac eglwys dan ofal Ficer Porthmadog, a chapel i'r Methodistiaid (Wesleaid) hefyd dan ofal gweinidog y Port. O sôn am yr enwadau, rhaid crybwyll y ddau weinidog sydd yn y pentref, y Parch. W. Ross-Hughes gyda'r Annibynwyr, a'r Parch. Griffith Parry gyda'r Calfiniaid. Y mae'r ddau yno ers dros 40 mlynedd.

Ar graig uwch y traeth, y mae 'carreg Samson.' Gwelir ôl bawd y gŵr nerthol hwnnw arni, a wnaed, mae'n debyg, pan ddododd hi yno! Clywais ddywedyd gan ŵr cywrain mai 'Carreg Simsan' yw'r ystyr.

## Ymwelwyr

Ers rhai blynyddoedd bellach, aeth y pentre'n boblogaidd iawn gan ymwelwyr Seisnig, a llenwir ymron bob tŷ a hwy drwy'r haf. Mwynhânt y canu cynulleidfa ar Gongl y Peilats, pan ymgynulla cannoedd o lanciau a merched y fro ar nos Sul i ganu emynau. Chwâl y tonnau yn erbyn Carreg-y-Llam i sain 'Tôn-y-botel' a 'Bryn Calfaria.'

O Ben–y–foel uwchben y pentref, gwelir y plant a'u rhieni'n chwarae yn y tywod euraidd, neu'n ymdrochi yn y Garreg Goch neu'r Garreg Gnwc. Ymestyn y tywod am oddeutu dwy filltir i gyfeiriad Cricieth, hyd at ogofau'r Graig Ddu ('Black Rocks' yn ôl Cyngor Tref Porthmadog!)

Nid oes yn y pentref yr un dafarn na gwesty, er bod yno ryw 600 o boblogaeth. Bu yno ddwy dafarn, ond caewyd hwy ers blynyddoedd. Hyd yn hyn, beth bynnag, ni ddifethwyd mo'r pentref â rhyw lawer o 'welliannau.'·

G. Ivorian Jones


'Borth' y gelwid y pentref yn yr hen amser, ond gan fod lle o'r un enw ger Aberystwyth, fe barai hynny fod llythyrau'r naill le yn mynd i'r llall, a chan fod mynydd Moel-y-Gest gerllaw, rhoesant 'y Gest' at yr enw, Borth-y-Gest. Y tirfeddiannwr oedd Mr Ormsby Gore, Brogyntyn, sef Arglwydd Harlech yn awr.

Y prif borthladdoedd, cyn ffurfio porthladd Porthmadog, oedd Porth-y-

Gest ac Ynyscyngar, lle y byddai'r llongau'n angori, a lle y llwythid llechi o hen chwarel Bron-y-foel gerllaw, am Iwerddon.

## Seler gudd

Yn yr 17 ganrif, nid oes hanes ond am ryw ddau dŷ yma. Un ohonynt oedd y Borth, fferm dros chwe ugain erw, a ddelid gan un Dafydd Humphrey, ac sydd wedi dyfod i lawr yn y teulu. Y mae'r hen adeilad yn ei ddull cyntefig, ond wedi ei atgyweririo.

Y tŷ arall oedd Plas-y-Borth, ac un o'r enw Williams oedd yn byw ynddo. I hwn yr oedd seler gudd, a byddai'n arfer mynd allan dros Fâr-y-Gest i lawr i Aberteifi, a gwneud masnach mewn nwyddau smygl a guddiai yn y seler.

Byddai'n cael nosweithiau llawen yno, a Dafydd y Garreg Wen (1711/1741) yno i ganu ei delyn. Fe ddywedir mai ar ei ffordd adref o noswaith lawen, yn y bore bach, yr oedd, pan gododd yr ehedydd, a barodd iddo ganu'r dôn 'Codiad yr Ehedydd.'

## Tai Newydd

Erbyn hyn y mae'r fan lle'r oedd ychydig dai wedi dyfod yn un o'r pentrefi mwyaf atyniadol, ac y mae ynddo, bellach, dros saith ugain o dai, a'r mwyafrif ohonynt yn dai helaeth, diweddar.

Ystyrir ef yn lle da at wella ac atgyferthu rhai gwael, gan y ceir yma awyr iach y môr a'r mynydd.

Agorwyd yr ysgol ddydd ar 13 Ionawr, 1880, a rhifedi'r plant a aeth iddi y diwrnod hwnno oedd 108. Cyn hynny, cedwid yr ysgol yn Festri'r Annibynwyr, neu Seler Capel Sentars, fel yr arferid dweud.

Gerllaw y capel y mae'r hen bwmp, a fu'n wasanaethgar iawn fel pwmp y pentref. Ond erbyn hyn y mae pob tŷ yn derbyn ei gyflenwad o Lyn Tecwyn. Goleuir yr ystrydoedd a'r tai a nwy, ac fe geir trydan mewn lliaws o dai. Cesglir llythyrau yma dair gwaith y dydd.

## Y golygfeydd

Daw arlunwyr yma i dynnu llun a golygfeydd sy o'r mwyaf swynol a hardd. O Foel-y-Gest fe welir y mynyddoedd hyd ymhell uwchlaw Beddgelert; gwastadedd y Traeth Mawr, Llanfrothen a'r cylch, hyd at Groesor a'r Moelwyn, Castell Harlech, a mynyddoedd Meirion, a Bae Ceredigion hyd at Abersoch. Nid rhyfedd bod yr un rhai'n ymweld, y naill flwyddyn wedi'r llall.

Gan fod trafnid mor fawr, penderfynwyd, er diogelwch y cyhoedd, lledu'r briffordd o Borthmadog yma, a bydd y ffordd hon gyda'r orau a ellir ei thramwyo.

H. Jones
(*Y Ford Gron*, Mai, 1933)

Yn hyderus

*J. WATKIN JONES*

| | | | | | | |
|---|---|---|---|---|---|---|
| :s, | d:d:r | m:-.f:s | f:m:r | d:-:d' | t:t:l | s:-.m:d |
| :s, | s,:l,:t, | d:-.l,:d | d:d:t, | d:-:d | r:r:r | r:-.t,:d |
| :s | m:m:s | s:-.r:m | l:s:s | m:-:m | s:s:fe | s:-.s:m |
| :s, | d:l,:s, | d:-.d:d | f,:s,:s, | d:-:l, | r:r:d | t,:-.s,:l, |

| | | | | | | |
|---|---|---|---|---|---|---|
| S, | r:s:fe | s:-:r | r:m:f | m:-.r:d | m :f:s | l:-:s |
| | s,:r:d | t,:-:t, | l,:t,:t, | d:-.s,:s, | d :d:d | d:-:d |
| | s:t:l | s:-:f | f:s:l | s:-.f:m | s :f:m | f:-:s |
| | t,:r:r, | s,:-:s, | s,:s,:s, | d:-.d:d | ta,:l,:s, | f,:-:m, |

| | | | |
|---|---|---|---|
| d:d:r: | m:-.f:s | f:m:r | d:- |
| l,:l,:t,: | d:-.l,:d | r:d:t, | d:- |
| m:m:s: | s:-.r:m | l:s:f | m:- |
| l,:l,:s,: | d:-.d:m, | f,:s,:s, | d:- |

Efengyl tangnefedd, O! rhed dros y byd;  
A deled y bobloedd i'th lewyrch i gyd;  
Na foed neb heb wybod am gariad y groes;  
A brodyr i'w gilydd fo dynion pob oes.

Sancteiddier y ddaear gan ysbryd y ne';  
Boed Iesu yn Frenin, a neb ond Efe:  
Y tywysogaethau mewn hedd wrth ei draed,  
A phawb yn ddïogel dan arwydd ei waed.

Efengyl tangnefedd, dos rhagot yn awr;  
A doed dy gyfiawnder o'r nefoedd i lawr;  
Fel na byddo mwyach na dial na phoen,  
Na chariad at ryfel, ond rhyfel yr Oen.

*Eifion Wyn*

Ganed John Watkin Jones yn Coedty, Llanfrothen, Meirionnydd, ar ddydd Sant Swithin, 1904, yn fab i John Samuel a Jane Ellen Jones, perthynas i Miss Laura Evans, Croesor, a fu'n genhades yn Silchar a Shillong. Yn 1929 priododd â Jennie, unig ferch Robert ac Ellen Roberts, o Brenteg.

Bu'n gweithio fel chwarelwr cyn symud i Borthmadog i fod yn gynrychiolydd i cwmni yswiriant y Pearl, a lle bu'n organydd yng Nghapel Ynys Galch (B) a hefyd yn flaenor. Gwnaeth ef a'i briod eu cartref yn y Garth, Porthmadog, yn y tŷ y ganed Eifion Wyn (1867-1926) ynddo.

John Watkin Jones

Bedyddiwr – Cerddor – Organydd – Arweinydd Côr Dyffryn Madog – Cyfansoddwr. Cyhoeddwyd rhai o'i donau yn cynnwys: Nantmor, Siloam, Llanfrothen, Glan Meirion a Rhosirwaun, yng nghylchgronau y gwahanol enwadau. Y oedd yn un o aelodau cyntaf Clwb y Garreg Wen, ym Mhorthmadog. Symudodd i'r Wyddgrug i fyw yng nghyfnod olaf ei fywyd, ac yno y bu ef farw.

'Gŵr tawel, diymffrost, fu John Watkin Jones erioed. Gwerinwr a gyflawnodd gryn gamp ac a roes gryn wasanaeth i'w gymdeithas.' (Emrys Anwyl Williams).

# MORFA BYCHAN

## Capten Hugh Hughes
## (1813-1898)

Ganed Hugh Hughes yn Penrhydfechan, wrth odre Moel-y-Gest, Morfa Bychan, yn un o bedwar plentyn Robert a Margaret Hughes. Bedyddiwyd ef ar 13 Chwefror, 1814, yn Eglwys Ynyscynhaearn gan y Parchg William Evans, periglor. Pan oedd ef yn faban aed ac ef i gartref ei daid a nain yn Tynybonc, Cilfor, Talsarnau. Yno y magwyd ef hyd nes oedd ef yn saith oed pryd y daeth yn ôl i aelwyd ei rieni. Gof oedd galwedigaeth ei dad ond trodd i weithio gwaith maen a bu am gyfnod yn adeiladydd amlwg ym Mhorthmadog. Arferai ei daid, Capten Evan Owen gludo teithwyr dros Fôr yr Iwerydd i'r America.

Pan oedd Hugh Hughes tua deg oed, ac yn byw yn Gwyndy, Morfa Bychan, bu ei dad farw o ffit yn 45 oed. Symudodd ar ôl hynny i fyw at ei fodryb i Garreg Fawr, Treflys, gyda'r bwriad o astudio amaethyddiaeth. Ond yr oedd ef yn hoff iawn o ddilyn cyfarfodydd crefyddol ymhell ac agos, yn fwy na thrin y tir a cadw anifeiliaid. Yn 12 oed aeth i'r ysgol â gynhaliwyd yn Neuadd y Dref, Tremadog, gan ŵr o'r enw John Wynne ac ymhen blwyddyn yn ddiweddarach aeth i ddysgu morwriaeth at William Griffith. Dechreuodd forio'n gynnar, y tro cyntaf gyda smac fechan o'r Traeth Mawr, Talsarnau, a aeth yn ddrylliad ar un o'r banciau ger tir yr Iwerddon. Cadwodd ei hun yn fyw drwy ddianc i'r 'rigging' a clymu ei hun wrth un o'r iardau. Prentisiwyd ef ar ôl hynny gyda'i ewythr, Capten y BRIG pryd y dyrchafwyd ef yn mêt. Wedi taith neu ddwy ar y môr penderfynodd aros ar y lan ym Mhorthmadog i ddysgu morwriaeth. Cyn iddo ef gyrraedd ei benblwydd yn 16 oed yr oedd yn forwr galluog ac yna'n fêt i'w frawd, Capten William Hughes. Yn ddiweddarach, penodwyd Hugh Hughes yn gapten yr EAGLE, ac yr oedd yn cael ei adnabod ar ôl hynny fel Capten Hugh Hughes yr Eagle. Ar ôl iddo ef ddychwelyd adref o un o'i fordeithiau cafodd ei godi'n flaenor yng Nghapel Brynmelyn (M.C.), ger Treflys. Bu'n pregethu i'r morwyr mewn gwahanol borthladdoedd, a lle bynnag yr ai yr oedd yn arferiad ganddo ef chwifio baner sef y 'Bethel Flag' fel y gelwid, ar un o hwylbrennau yr EAGLE pob Sul, i gyhoeddi fod yna oedfa yn cael ei gynnal ar y bwrdd ac yn rhoi gwahoddiad i bob morwr Cymraeg oedd yno, ac yntau yn pregethu.

*Yr Eagle*

Bu Capten Hughes a rhan flaenllaw yng nghodi Capel y Garth (M.C.), Porthmadog. Yn 1847, yn 34 oed, cafodd ei dderbyn yn aelod o'r Gymdeithasfa, yn Sasiwn y Bala. Sasiwn oedd honno pan gafwyd Cyfarfod Gweddi i ofyn i'r Arglwydd atal pla y tatws, ac un o'r enw William Ellis yn dweud ar ei weddi: 'O Arglwydd, dyro dy fys ar y blaned wlyb – os hi ydyw achos y pla, dyro dy fys arni – dy fys – dim ond dy fys, O Arglwydd, ac fe gawn ni eto gynhaeaf heb bla!'

Yn yr un flwyddyn a'r Sasiwn sef 1847, priododd Hugh Hughes â Catherine, merch i William (swyddog tollau) ac Ann Jones, Gellidara, Penrhos, Llŷn, yn Eglwys Llannor. Ganwyd iddynt chwech o blant. Gadawodd y môr i gynorthwyo ei fam-yng-nghyfraith gyda gwaith y fferm. Yn 1868 cafodd wahoddiad swyddogol gan eglwysi Efailnewydd a Rhydyclafdy i'w bugeilio, ac fe'i gwasanaethodd hwy yn ffyddlon a hynny heb fawr o gydnabyddiaeth.

Yn 1866 ail-adeiladwyd y capel ym Mhenrhos, newidiwyd yr enw o Ysgoldy Penrhos i Bethel, i goffau y 'Bethel Flag' a chwifiai gynt ar hwylbren yr EAGLE. Capten Hughes, Gellidara, â draddodwyd y bregeth cyntaf yn y capel newydd, ei destun oedd: 'Myfi yw Duw Bethel.' Bu am dymor hir yn ystadegydd y Cyfarfod Misol, yn ysgrifennydd ac arolygwr gweithredoddd y capelau, yn llywydd y Cyfarfod Misol ddwywaith ac yn Ysgrifennydd Sirol y Gymdeithas Genhadol.

Bu ef am flynyddoedd yn un o gyfarwyddwyr Clybiau Yswiriant Nefyn i longau ac yn gyfarwyddwr lleol am dros chwarter canrif i Banc Meistri Pugh Jones a'i Gyfeillion, ac yn yr un swydd yn Banc y Metropolitan ym Mhwllheli, pryd y gwelwyd ef ar bob ffair a marchnad yn y swyddfa, yn eistedd yn y gadair wrth y tân, ac yn darllen ei bapur newydd.

Bu ef farw 15 Chwefror, 1898. Yr oedd 500 i 700 o'r rhai oedd yn cynrychioli y dosbarthiadau mwyaf parchus o'r wlad, wedi ymgynull oddiallan i fferm Gellidara ar ddydd ei angladd. Claddwyd ef ym Mynwent Bethel, Penrhos gyda'r Parchg John Jones, F.R.G.S. Aberkin, Pwllheli, awdur ei gofiant, yn gwasanaethu, ac yn cael ei gynorthwyo gan y Parchg J. Ellis, John Owen a J. Hughes, Edern.

| | |
|---|---|
| Fe fu yn Gadben mwyn, | Fe fu'n amaethwr da, |
| Yn hwylio'i lestr llon, | Yng ngwyneb llawer tro, |
| A chafwyd ynddo swyn | Ei enw a barha |
| I'r morwyr ar y dôn; | Am oesoedd yn y fro; |
| Fe droai'r llong yn deml wiw, | Gwnai gymwynasau mewn iawn bryd, |
| Ac allor, i addoli Duw. | I'r tlawd a'r rheidus yn y byd. |

Ond treulio wnaeth ei oes,
A honno yn un faith,
I ddweud am angau'r Groes, –
Hwn oedd ei hoffus waith;
Pregethu Crist a'i gariad rhad,
A lanwa'i enaid â mwynhad.

Thomas Gray, Penbedw
o *Cofiant Capten Hughes*, Gellidara, gan y Parch. John Jones, F.R.G.S. 1898

Tôn: Tyddyn Llwyn

**470** TYDDYN LLWYN. (8 7.8 7.4 7.)   EVAN MORGAN (Llew Madog), 1846—1921.

*[Tonic sol-fa notation]*

Trwy ganiatâd Hughes a'i Fab, Cyhoeddwyr, Wrecsam.

**573**   *Cunmdaur Croesô.*

1 TI, yr Iŵn a wrendy weddi,
   Atat Ti y daw pob unawd :
Llef yr isel nis dirmygi.
   Dy drugaredd
   Sy'n cofleidio'r dduwar faith.

2 Minnau hlyzuf yn grynedig
   Wrth dy oraedd rasol Di,
Gyda hyder gostyngedig
   Yn haeddiannau Calfari ;
   Dyma wylfaen
   Holl obeithion cang fyd.

3 Hynbys wyt o'm holl angbenion
   Cyn en traethu ger dy fron ;
Gwyddost ọdd feddyliau 'nghalon,
   A chrwydradau mynych hon :
   O ! tosturia,
   Ymgeleddu fi â'th ras.   B.M.J.

**574**   *Pwy a'm dwy i'r Ddinas Gadarn !*

1 PWY a'm dwy i'r Ddinas gadarn,
   Lle mae Duw'n arlwyo gwledd.

Lle mae'r awel yn santeiddirwydd,
   Lle mae'r llwybrau oll yn hudd ?
   Hyfryd fore,
   Y caf rodio'i phalmant sur.

2 Pwy a'm dwg i'r Ddinas gadarn,
   Lle mae pawb yn llon ou cân,
Neb yn flin ar lin afonydd
   Y breswylfa lonydd lân ?
   Craith a goeffwys
   Bellach wedi mynd yn un.

3 Pwy a'm dwg i'r Ddinas gadarn,
   Lle caf nerth i fythol fyw,
Yng nghartrefe'r pererinion—
   Hen dreftadaeth teulu Duw ?
   O ! mi wofwn
   Dyran gwych y Ddinas bell.

4 Iesu a'm dwg i'r Ddinas gadarn ;
   Derfydd crwydro'r anial maith.
Cânu wnaf y gâine ainurfion
   Am fy nwyn i ben fy nhaith ;
   Iechydwriaeth
   Ydyw ei magwyrydd hi.   J.M.M.H.

*Cafodd y dôn uchod ei henw ar ôl fferm Tyddyn Llwyn, ym Morfa Bychan. Ganed ei hawdur, Evan Morgan, 'Llew Madog', (1846-1920), yn Tyndref, Morfa Bychan. Saer dodrefn oedd ei alwedigaeth dyddiol. Daeth i amlygrwydd yn ei ardal fel datganwr. Yr oedd ef hefyd yn fardd cywrain. Peintiwyd un o'i englynion ar y llong Elizabeth Pritchard pan lanswyd hi ym Mhorthmadog yn y flwyddyn 1909. Un o'r tonau cyntaf â gyfansoddodd oedd y dôn Llannerch sef enw'r fferm agosaf i'w gartref. Ond cofir amdano yn bennaf am ei dôn Tyddyn Llwyn â ymddangosodd yn gyntaf mewn print yn Caniadau John Gruffydd Hughes, 'Moelwyn', (Ail Gyfres, 1893). Bu farw 1 Tachwedd, 1920, a'i gladdu ym Mynwent Eglwys Ynyscynhaearn, ger Pentre'r-felin.*

130

# TREFLYS

## Bardd Treflys

Yr oedd Richard Roberts, 'Bardd Treflys', yn fab i Thomas a Mary Roberts, ac yn berthynas i 'Dafydd y Garreg Wen', sef David Owen (1709-39), y bardd amaethwr o'r Gaerwen, plwyf Llanystumdwy. Ganed ef yn Garthmorthin, Treflys, yn y flwyddyn 1818. Wrth drafod Richard Roberts gellid cyplysu enw Ellis Owen (1789-1868), Cefnymeusydd, ac ef. Yr oedd y ddau mor debyg i'w gilydd ar lawer ystyr. Y ddau yn feirdd a llenorion rhagorol. Bu Ellis Owen yn gefnogwr mawr i'r Ysgol Sul; bu 'Bardd Treflys' yr un modd, yn ysgrifennydd ac yn llywydd Cyfarfod Ysgol Tremadog. Treuliodd Ellis Owen ei holl oes yn yr ardal, felly hefyd 'Bardd Treflys'.

Yr oedd ei rieni yn nodweddiadol o grefyddol, a bu ei dad fel yntau ar ei ôl, yn flaenoriaid yng Nghapel Brynmelyn M.C. ger Treflys. Pan oedd tua 20 oed symudodd i fyw at ei ewyrth, Griffith Roberts, i'r Tŷ Mawr, Treflys, a'i mabwysiadodd ef, ac yno yr arhosodd am weddill ei oes. Lle oedd hwnnw rhwng môr a mynydd, yn nhawelwch awyr lonydd, lle na ddeuai dwndwr celf, helbulon masnach, na dim i dorri ar ddistawrwydd y man cysegredig. T'oedd dim rhyfedd yn y byd iddo fod yn fardd yn byw yn y fath le, yn fardd natur yn hytrach na bardd celfyddyd.

Bu'n aelod selog o Gymdeithas Lenyddol Eifionydd, â gynhaliwyd yng Nghefnymeusydd yn ystod adegau o'r gaeaf. Bu hefyd â chysylltiad â'r Cyfarfodydd Llenyddol yn Llŷn a mannau eraill o Eifionydd, weithiau fel beirniad, dro arall yn llywydd. Mewn cyfarfod o'r math hwnnw â gynhaliwyd yn Mrynmelyn, 22 Mehefin, 1872, daeth yn orau am draethawd ar Hanes Dechreuad a Chynnydd yr Achos Crefyddol yn Mrynmelyn a'r Gymdogaeth. Cyhoeddwyd y traethawd hwnnw yn llyfryn o dan yr enw *Pengryniaid Eifionydd* ganddo ef, gyda nodiadau ar hanes bywyd y bardd gan R. Rowland (Blaenau Ffestiniog, 1883). Bu farw 19 Mehefin, 1876, ac fe'i claddwyd ef ym Mynwent Eglwys Treflys.

Treflys Church, Criccieth.

Y Llenor – y Bardd talentog – a'r Cristion didwyll,
Gu ŵr, rhawg erys ar go'i ragoriaeth –
Cywirdeg ydoedd, caredig odiaeth;
O Seion o'i ôl cyfyd sŵn alaeth,
Am ei llawn noddwr trwm yw llenyddiaeth;
Am wawr hoff rudd – am air ffraeth – Bardd Treflys,
Drwy Eifion erys diderfyn hiraeth.

'Gwilym Eryri' (1844-95)

# PENTRE'R FELIN

## Molawd Eifionydd

Ym mha le mae dyfroedd gloywon,
Pysg yn chwarae ym mhob afon;
Coedwig lawn yn cadw eu glenydd?
Yn fy anwyl hen Eifionydd.

Ym mha le mae dolydd ffrwythlon,
Ag o'u deutu gelltydd gwylltion?
Iach y bryniau uwch y bronydd;
Yn fy anwyl hen Eifionydd.

Ym mha le ceir yn helaeth
Natur yn ei holl amrywiaeth;
Nant a dyffryn moel a mynydd?
Yn fy anwyl hen Eifionydd.

Ym mha le mae gwir gyfeillion,
Pur o feddwl, pur o galon,
Mwyn, diniwed, yn byw'n llonydd?
Yn fy anwyl hen Eifionydd.

Ym mha le mae gwych gymdeithion,
Doeth a buddiol ymddiddanion;
Fil o galon fel eu gilydd?
Yn fy anwyl hen Eifionydd.

Ym mha le drwy gyrau daear
Y mae glan enethod hawddgar,
Serchog, siriol, blodau gwledydd?
Yn fy anwyl hen Eifionydd.

Ym mha le y mae Prydyddion
Nad oes ail i'r dewisolion?
E drig awen yn dragywydd
Fyw o anian, yn Eifionydd.

Ym mha le mae môr a llongau
Arno'n chwarae; haul i'w hwyliau;
Mynd a dod yn groes i'w gilydd?
De ar fin i dir Eifionydd.

Ym mha le dymunwn drigo,
Ac heb symud fyth oddi yno?
Nid mewn plasau nac mewn trefydd,
O fy enaid! yn Eifionydd.

Pe cawn bobman a'u pleserau;
Myrdd a myrdd o amrywiaethau;
Hiraeth fyddai arnaf beunydd
O fy anwyl hen Eifionydd.

Dyma'r man y'm ganed ynddo;
Ac o'm bodd nid af ohono:
O! mi garaf y magwyrydd,
Yn fy anwyl hen Eifionydd.

Beth yw unlle sydd a'm blina
Ond y meddwl mynd oddi yma?
Wel os rhaid fy nghladdu ryw-ddydd,
Hyn ofynaf yn Eifionydd.

Caned prif-feirdd ddyrys awdlau,
Rhai i Fôn neu unrhyw fannau;
Canaf finnau bennill beunydd
I fy anwyl hen Eifionydd

Y mae gan y Beirdd destunau,
Hyn a'r llall, a chant o bethau;
Minnau gym'raf destun newydd;
I fy anwyl hen Eifionydd.

Mi derfyna'r mesur penrhydd,
Rhag os wyf anfedrus fydrydd,
Imi roi i'r beirddion g'wilydd
Yn fy anwyl hen Eifionydd.

Ellis Owen, F.A.S. Cefnymeysydd Isaf (1833)

*Roedd Ellis Owen yn fab i Owen Ellis, Cefnymeysydd Isaf, Pentre'r felin, ac Anne Thomas, Tuhwnt i'r Bwlch. Ganed ef 31 Mawrth, 1789, a threuliodd oes faith o fewn ei fro genedigol. Daeth i amlygrwydd cenedl fel bardd, llenor ac hynafiaethydd. Yn 1877 cyhoeddwyd ei waith barddonol a rhyddiaethol o dan yr enw 'Cell Meudwy'. Cofir yn bennaf amdano am sefydlu Cymdeithas Lenyddol yng Nghefnymeysydd yn 1846, gyda'r nod o gadw a meithrin diwylliant llenyddol ei ardal, a bu cryn fri ar y gymdeithas honno am tua deuddeng mlynedd. Bu farw yn 79 mlwydd oed yn 1868, ac fe'i claddwyd ef ym Mynwent Eglwys Ynyscynhaearn, ar gwr Pentre'r felin ac yng ngolwg ei gartref.*

*Cefnymeysydd*

# Eglwys Ynyscynhaearn

*Darlun gan Hanslip Fletcher, 1902*

Saif yr Eglwys hon yn bresennol gerllaw i safle yr hen Eglwys, ar erw Duw. Tybir i'r gyntaf gael ei sefydlu gan St. Cynhaearn yn y chweched ganrif. Bu Cynhaearn yn Esgob Llanbadarn Fawr yn y chweched ganrif. Diamau fod y brodyr Aelhaearn, Llwch-haearn, a Chynhaearn yn genhadon o Brydain, ynghŷd a Catherine, y ferthyres, a Shirio, yn Abergaint, ger Cricieth, a bod teml neu gylch Derwyddol ar Ynys Eifionydd. Pan enillwyd yr addolwyr at Gristionogaeth, y troed y sefydliad o Dderwyddiaeth at Gristionogaeth. Y mae llawer o bethau yn cadarnhau y dybiaeth oddiwrth enwau lleoedd – yr ydoedd safle y pwynt uwchlaw, Caer Dwnawd, Ffynnon Dunan. Y Dunawd hwn ydoedd chief y lle. Islaw y mae lle o'r enw Eisteddfa ar fron gerllaw i'r Eglwys; Bronygadair, lle'n ddiamau y cynhelid cyngrair Derwyddol, a'r llys barn. Gerllaw i Gaer Dunawd y mae Bach y Saint, o'r lle y dywedir i Geraint, Dunawd, Cynhaearn, ac eraill o'r saint encilio pan ferthyrwyd y Santes Catherine, ac yr adeiladwyd Eglwys St. Catherine, dan fryn yr Eglwys, Cricieth, lle dywed llen y werin i ffynnon darddu lle merthyrwyd hi – y ffynnon ag ydoedd mewn bri mawr hyd yn ddiweddar, a gresyn na welsai doethion tref Cricieth yn ddoeth ei hadgyweirio er iechyd i'r wlad, ac i ymwelwyr lluosog y lle.

Ond â hen Eglwys Cynhaearn Sant mae â fyno'r ysgrif hon. Yr ydoedd yr hen adeilad yn sefyll ryw dair llath oddiwrth yr hen borth (porch) sydd yn awr yn aros, ond oherwydd fod y fynwent mor llawn o feddau, gofynwyd yn y flwyddyn 1830 am ddarn o dir yn y pen dwyreiniol gan Cadben W. Price, Rhiwlas, un o achleswyr caredig yr Eglwys, a chaed lle yn rhad ac am ddim. Agorwyd hi yn y flwyddyn 1832, a chaed ffordd ati o'r pentref (Pentre'r-felin), er ei bod hyd yn hyn yn anorffenol.

Bu'r hen Eglwys yn gapelaeth i Benmorfa ar un adeg. Yna pan wnaed Capel Bryn y Foel, Treflys, rhoddwyd Capelaeth Sant Cynhaearn gyda Chapelaeth St. Catherine, Cricieth, a bu felly hyd farwolaeth y Parch. Erasmus Parry, pryd y daeth yn ficeriaeth, yn cynnwys Tremadog, Porthmadog, Pentrefelin, Morfa Bychan a Phorth y Gest.

Oherwydd ei bod mor anghysbell, nid oedd gwasanaeth ynddi ond dau Sul o'r tri ar hyd y flwyddyn, ac ond un Sul o'r tri yn St. Michael, Treflys gerllaw, ond yn wyth o wasanaethau bob Sul yn y plwyf. Y perygl ydyw, yng nghanol yr holl fanteision, i'r holl boblogaeth waeddi fel yr Israeliaid, 'Y mana gwael hwn.' Y mae i'r Eglwys safle bwysig erbyn hyn, ag ystyried mor hynod o esgeulus y bu y ganrif o'r blaen. Bu ysgrifennydd y sylwadau hyn yn churchwarden yr Eglwys hon am 21ain mlynedd, hyd amser y Parch. Erasmus Parry. Os gwel y Golygydd parchedig yn dda, rhoddwn fenthyg bloc o'r hen Eglwys oedd yn bodoli cyn adeiladu yr un presennol.

Y mae yn y fynwent hynafol hon amryw enwogion yn gorwedd, megis David Owen (Dafydd y Garreg Wen), y telynor enwog; John Stunllyn: Ellis Owen, Cefnymeusydd; Ioan Madog, y Parch. W. Williams, a'r Parch. D. Lloyd Jones, Amlwch, diweddar ficer Ynyscynhaearn; Mil Walker, Hendregadredd; a theulu Dr Carreg, coroner Sir Gaernarfon; Emrys Lewis, Ystymllyn; Dr John Jones, Dolwyddelan, &c, gynt o Dyddyn Iolyn, a hen deuluoedd enwog Bron y Gadair &c. Yr oeddwn wedi meddwl rhoi crynhodeb o'r terriers.

Byddai yr ysgrifennydd yn mynychu yr hen Eglwys hon er yn fachgen, tua phedwar ugain mlynedd yn ôl, ac er wedi myned i wth o oedran, mynycha hi eto bob Nadolig, Pasg a Sulgwyn. Y Sulgwyn y llynedd yr ydoedd yn ddiwrnod hafaidd hynod, ac yn amser y Foreuol Wasanaeth, tra yr oeddym yn canu, 'Ti Dduw a folwn,' yr oedd y gwcw hithau yn canu ar frigyn coeden yn y fynwent gysegredig.

Ar foreu teg, hafaidd o Sulgwyn,
Yng nghôr cysegredig y Llan,
Yn adsain y 'Ti Dduw a folwn'
Bawb yno'n cyd-uno ei ran;
Yn Ynys anghysbell Cynhaiarn,
Saint boreu Crist'nogaeth ein gwlad,
Lle gynt yr addolai'n cyn-dadau
Yn annwyl mewn hwyl a mwynhad.

Yng nghoedwig dawelaidd y fynwent,
Adroddai y gwcw'r un pryd
Ei phryddest dymhorol ddi-ymgais,
Gan odli'r un adlais o hyd;
Os oeddym ni'n ceisio addoli,
Ac yno yn moli'n Duw mawr,
'Roedd hithau y gwcw ar gyhoedd
'N cyd-uno a lluoedd y llawr.

Alltud Eifion, Tremadog
(*Yr Haul*, Gorffennaf, 1903)

Parhawyd i gynnal gwasanaethau yn Eglwys Cynhaearn hyd at yr 1980au ond dirywiodd yr adeilad presennol yn ddrwg ar ôl hynny. Daeth Cyfeillion Eglwysi Diymgeledd a'r mudiad Cadw i adnewyddu'r eglwys yn ddiweddarach ac fe'i gwelwyd ar ei newydd wedd yn 2004.

# CRICIETH

## Castell Cricieth

Glywsoch sôn am Gastell Cricieth
Ar y graig ym merw'r don;
Gwyddoch fod ei enwi'n deffro
Hen adgofion lleddf a llon;
Dim ond edrych ar ei furiau
Gyffry ynof hiraeth byw, –
Oni wylaf ar fy nhelyn
Wrth ei weld ef mor wyw?

Yn ieuengtid ei ganrifoedd
Cadwai ddrws Eryri wen,
Gyda baner lanaf Cymru
Yn yr awel ar ei ben.

Clywodd lawer cân wladgarol
Ar delynau'r oesau gynt;
Clywodd lawer dolef ingol
Yn ymrwymo yn y gwynt;
Gwelodd firi'r hen wroniaid,
Pan oedd Cymru'n Gymru rydd;
Gwelodd lawer dewr yn marw
Yn lle ildio i golli'r dydd.

Rhaid im garu Castell Cricieth
Tra bo calon yn fy mron –
Mae'i adfeilion cysegredig
Ar y graig ym merw'r don.

O, Anwylaf Gastell Cricieth,
Hen oroeswr oesau pell;
Boed ei feini'n gysegredig
Yn sŵn tannau'r oesau gwell;
Os anghofir ei ogoniant
Ni ddaw Cymru'n Gymru rydd, –
Gwaeth na'r murddyn fydd fy nghenedl
Yng ngoleuni Cymru Fydd.

–Heddwch iddo'n sŵn y tonnau,
Gyfaill gwiw yr Eryri wen;
Gwyn fy myd pe gwelid eto
Faner Cymru ar ei ben.

J. R. Tryfanwy
(*Cymru*, 1907)

Ganwyd John Richard Williams, 'Tryfanwy' (1867-1924), bardd y pruddber yn ôl 'Cybi' (1871-1956), y bardd a llenor o Langybi, yn Tan y Manod, Rhostryfan, Arfon, yn fab i Owen a Mary Williams (dau o Lŷn). Bu'n ddall ac yn fyddar ers pan oedd yn blentyn. Yn 1880 symudodd y teulu i Dyddyn Difyr, ar lethr Moeltryfan. Bu farw ei dad mewn damwain a dychwelodd yntau gyda'i fam yn eu hôl i Dan y Manod. Gadawyd ef yn amddifad a magwyd ef gan fodryb ym Mhorthmadog, lle treuliodd gweddill ei oes.

Ymddangosodd llawer o'i farddoniaeth mewn gwahanol gylchgronau Cymraeg yn ei gyfnod, yn arbennig yn Cymru, O. M. Edwards. Enillodd ddeg o gadeiriau eisteddfodol gan gynnwys rhai'r Eifl; y Ddraig Goch, Lerpwl ac ym Môn a Fflint. Cyhoeddodd ddwy gyfrol o'i farddoniaeth: Lloffion yr Amddifad (1892) ac Ar Fin y Traeth (1910).

# Cestyll Cymru

1.  Castell Cri/ Castell Criccieth
Nid oedd dull boreuol enw y lle hwn yn hollol yr un a'i ddull presennol. Gelwid ef yn Cruccaith; hwyrach mai o crug ac aith, sef pentwr eithinog neu bigog. Gelwid ef hefyd – yn ôl yr ystyr draddadiadol hono – yn Cricerth, o cri a certh, mae'n debygol, yr hyn sy'n awgrymu cysylltiadau rhyfel. Hefyd, perthynai y lle hynafol hwn i Ednyfed Fychan, yr hwn oedd, yn yr unfed-ar-bymtheg a thriugain, fel disgynnydd mewn gradd linachol, o Henwyn, Dug Cernyw, barwn Brynffenigl, ac Arglwydd Criccieth, a phrif gynghorwr Llywelyn Fawr. Ffurfiai y castell hwn un o amddiffinfeydd y Traeth Mawr yn ystod y brwydrau rhwng y Brytaniaid a'r Saeson a'r Normaniaid, oedd yn fynych yn goresgyn y wlad. Eglur yw mai llygriad yw'r enw yn ei ffurf bresennol. Saif y castell ar fryncyn noeth, a dibaid donnau Bae Ceredigion yn golchi ei eirwon draed. Adeiladwyd ef dan Iorwerth y Cyntaf, Brenin Lloegr, ond dywed Pennant ac eraill fod ei ddull yn foreuach, ac yn debyg i Gastell Dolwyddelan, ac mai dan rhyw dywysog Cymreig yr adeiladwyd y naill a'r llall; ac na wnaeth y Brenin Iorwerth ond ei adgyweirio ac yn y blaen. Ei ddull ydyw: Y Porth: o bobtu iddo y mae tŵr, canolig o ran maint, yna buarth gwyneblyfn, heb fod yn helaeth, gyda chwrlid bythwyrdd anian

drosto. Er hynny, dywed Pennant nad yw'r buarth hwn o ffurf reolaidd, yn yr hwn hefyd y mae gweddillion tŵr ysgwâr. Yn gyfystlys ceir buarth arall tebyg i'r cyntaf, ac ynddo ddau dŵr o'r un ffurf a'r un blaenorol. Nid yw o faintioli anferth, nag ychwaith yn gywrain ei lun bylchog yw ei fur allanol, a thrwyddynt islaw gwelir ffos ddofn wedi ei naddu i'r sawdl, i'r amcan o amddiffyniad yn nydd brwydr gynt. Dywedir hefyd fod iddo yn ei fri, do o blwm am ei dyrau, a sŵmerau cadarnbraff oddimewn, gyda dodrefn gorysblenydd i'w gyfaneddwyr arhosol. Ond wedi hynny dywedir i Edward y Chweched, orchymyn dinistrio yr hen gastell, dwyn ei ddodrefn, a dim ar a oedd werthfawr, a'u cludo i Gaernarfon. Ac wedi Iorwerth orfod ar Gymru, penododd Gwilym de Lisburn yn Geidwad y Castell, gyda chyflog o gan punt y flwyddyn, o'r hyn yr oedd i gynnal gwarchodlu, yn cynnwys deg gŵr ar hugain deg yn saethwyr y bwa croes, un caplan, un meddyg, un saer coed, ac un saer maen. Wedi hynny drachefn, yn amser Edward y Tywysog Du, apwyntiodd y cyfryw yr enwog Syr Hywel y Fwyell (1300?-1381?) yn Llywydd y Castell, fel amlygiad o barch iddo am ei wrhydri gydag ef ym mrwydr hygof y Poitiers, 1356, i'r hwn, sef Syr Hywel, y dyry rhai yr anrhydedd o gymeryd Brenin Ffrainc yn garcharor. Yn ychwanegol at Lywyddiaeth y Castell, a'i breswyl ynddo, derbyniodd hefyd gan y Brenin y teitl o Farchog. Mab ydoedd Syr Hywel i Einion ab Gruffydd ab Hywel, un o ddisgynyddion Collwyn ab Tango, Arglwydd Eifionydd, Ardudwy a rhan o Lŷn yn yr wythfed ganrif. Ond at fawrglod blaenorol Ceidwad y Castell, trefnodd y Brenin Du fod i saig o fwyd gael ei pharatoi o flaen y Fwyell, gyda'r hon y cyflawnodd ei pherchen y fath wrhydri, yr hon hefyd a wisgai yn ei arf-bais, ac wedi ymddangos o'r saig fwyd o flaen y Marchog, dygid hi ymaith, a rhenid hi yn mysg y tlodion. I weini a gwylied y saig, penodwyd gosgordd o wyth, y rhai a dderbynient yn gyflog wyth geiniog yn y dydd, ar draul y brenin. Y drefn hon a barhaodd hyd amser Elizabeth y Cyntaf. Yn gystal, wedi marwolaeth Syr Hywel, gweinyddid y drefn – 'er mwyn ei enaid!' Lled-ddywedir mai yn y fangre hon y llecha gweddillion y Marchog hyglod, a Cheidwad enwog Castell Cricieth, swydd y cyntaf a ddelir gan yr olaf erbyn heddiw. Oddiar ysgwyddau'r hen gastell llwydfrig, ar drai, a diwrnod digwmwl, gwelid bro ysbelnydd o amrywisg, y môr dyfnlas, ymledol, – cyfle maesdrefi a doldiroedd meillionnog gynt. Ac ofer yw syllu heddiw am Gantre'r Gwaelod, Sarn Badrig, ac ysblanderau y dyfnder mud, gan hynny –

Yn iach yr hen Gastell
Sy'n ymyl y môr,
Mae gennym un arall, –
Ein Dafydd Llwyd Sior!
Ei dyrau sy'n dalach
Cadarnach, pwy wâd?
Ni feiddia un gelyn ein gwlad!

Cybi
(*Y Traethodydd*, Mai, 1908)

*Castell Cricieth (Llun: o Heddyw, 1897)*

# Tref Cricieth

Tref anwylaf hynafol, – a dwylan
Hudolus gartrefol.
A chwyd ei 'Dinas' o'i chôl
Ger ei chastell gorchestol

W. D. Jones

(o *Diferion Dwyfach* gan W. D. Jones, 1982)

*Cafodd William David Jones ei eni a'i fagu, yn un o naw o blant y bardd
'Melinog' a'i briod, yn Bontfechan, Llanystumdwy. Arhosodd yn ei fro
arwahan i'r cyfnod y bu yn y fyddin yn adeg yr Ail Ryfel Byd. Un man
hefyd y treuliodd ei fywoliaeth, er pan ddaeth o'r ysgol, sef Siop Dre
wrth droed y castell yng Nghricieth – siop groser. Yn ei gyfrol o
farddoniaeth,* Diferion Dwyfach, *ceir detholiad amrywiol o'i waith – yn
englynion, telynegion, emynau, epigramau, cyfarchion, cofiannau, y
dwys a'r difrif. Bu farw yn 1988.*

# Dr Robert Jones
# (1891-1962)

Y mae trychineb y llong awyr R.101 (5 Hydref, 1930, lladdwyd 54 o ddynion) yn fyw iawn yn ein cof ni i gyd. Yr ydym hefyd, yn cofio'r ymchwiliad manwl a wnaethpwyd, ond pwy a sylwodd ar enw ryw Dr R. Jones ac ar y diolch a dalwyd iddo gan Syr John Simon ac eraill o brif ddynion yr ymchwiliad?

Un o'r gwyddonwyr hyddysg oedd ynglŷn â'r gwaith oedd Dr Robert Jones, ac fel hyn yr ysgrifennodd Syr John Simon ato: 'The R.101 Report is coming out tonight, and I should like to send you and to Mr Williams (Daniel Howell Williams, brodor o Ffestiniog ac yna Bangor. Addysgwyd yn Ysgol Friars, Bangor, a Prifysgol Coleg Gogledd Cymru. Graddiodd gyda anrhydedd dosbarth cyntaf mewn Mathemateg Pur) and your other colleagues my warm thanks for the help which you have rendered to the Inquiry by carrying through this most interesting series of investigations, which are now embodied in Appendix VI. I hope that this will be recognised as a contribution of real and permanent value. I feel sure that it will do much to confirm and ratify the Report. It was a great pleasure to make your acquaintance and to receive your guidance.'

Un o blant Cricieth, ac un o hen fyfyrwyr Coleg Bangor oedd Dr Robert Jones. Graddiodd yntau gyda anrhydedd ail ddosbarth mewn Mathemateg Pur yn 1911, ac yna gradd dosbarth cyntaf mewn Mathemateg Ymarferol yn 1912. Enillodd radd M.A. yn 1913 a gradd D.Sc. yn 1924. Ymunodd â staff y National Physical Laboratory, yn Teddington, Middlesex, yn 1914, a bu yno hyd nes iddo ef ymddeol yn 1953.

Ganed ef yn Tŷ Newydd, Cricieth, yn un o bedwar o blant. Enillodd Ysgoloriaeth Isaac Roberts (£50 am ddwy flynedd), ar ôl iddo ef ennill ei radd M.A. cafodd ysgoloriaeth arall werth £150 i'w gynorthwyo i fynd i Brifysgol Gottingen, Yr Almaen. Aeth yno ym mis Medi, 1913.

*Dr Robert Jones*

Daeth y Rhyfel Byd Cyntaf, ac ar 2 Awst, 1914, dychwelodd yn ôl i Brydain i orffen ei astudiaeth yn y labordy. Cafodd wobrwyon am draethodau gan Gymdeithas Frenhinol Aeronautical a gan y Gymdeithas Frenhinol. Bu'n byw am flynyddoedd yn Hampton Wick, Llundain ac yn ysgrifennydd yr eglwys Annibynwyr yno o dan weinidogaeth y Parchg J. T. Rhys. Bu'n byw yn Ashford ar ôl hynny. Bu farw yn 1962.

Yr awdur

Hefyd: *Y Ford Gron*, Gorffennaf 1931

# LLANYSTUMDWY

## Owen Gruffydd (1643-1730), Yr Hynafiaethydd

Wrth anturio rhoi ychydig fywgraffiad am ŵr mor enwog ac Owen Gruffydd, ni ellir i ddechrau, wneud yn well na dyfynnu 'Cofion byrion am Owain Gruffydd, Michael ab Rhisard, a William Elias,' â ysgrifenwyd ar gyfer *Y Greal*, Llundain, gan Dafydd Ddu Eryri, yn y flwyddyn 1806, ond a wrthodwyd gan y golygwyr oherwydd rhyw ymddygiad a gododd rhyngddynt â'r awdur. Dyfynnir fel â ganlyn: 'Traddodiad sydd yn dywedyd mai mab gordderch (illegitimate) i un Gruffydd Owen, o Gefn Treflaeth, – Cefn Isaf, – ym mhlwyf Llanystumdwy, yn Eifionydd, ydoedd Owain neu Owen Gruffydd. Dywedir mai offeiriad oedd y dywededig Gruffydd Owen, ond nid oes sicrwydd dilys am hyn yn goffadwy y dydd heddyw. Nid hysbys chwaith pwy ydoedd mam y prydydd dwys-fyfyriol hwn. Mae'n debyg na chafodd ef ond ychydig, os dim, ysgol; eithr drwy ddiwydrwydd di-dor, a dyfal ymgais, efe a gyrhaeddodd radd gymedrol o wybodaeth yn y pethau mwyaf angenrheidiol tuag at wneuthur dyn yn ddedwydd yn y byd isod yma, ac yn y byd anfarwol uchod. Dygwyd ef i fyny yn y gelfyddyd o wehyddiaeth, – yr alwad hon a ddilynodd dros ran fawr o'i oes. Trigfannodd dros amser mewn tŷ ar dir y Tŷ Cerrig, ym mhlwyf Llanystumdwy; oddiyno symudodd i Samber Fechan, gerllaw y Tŷ Mawr, yn y plwyf uchod, – yno hefyd y gorffennodd efe ei daith a'i lafur mewn byd a amser.' Dywedir mai'r pennill canlynol oedd un o'r rhai cyntaf o waith y prydydd hwn, – Owen Gruffydd. Mae'r testun yn esbonio ei hun, –

Wfft i fochyn Gwern y Fach,
A fu'n ymeiriach marw;
Fe fu hanner awr neu well
A'r gyllell yn ei wddw;
'Roedd e'n myned at ei gwt
Gan ddwedyd pwt o weddi,
Rhegi'r cigydd 'roedd bob cam
Yn uchel am ei nychu.

Ymysg rhai o'i destunau barddonol eraill ceir: Cân y Pren Almon, sydd yn cynnwys ystyriaethau dwys ar freuolder a gwywdra einioes, methiantrwydd einioes, ac yn y blaen. Cân Galarnad Troseddiad y Sul, sydd yn llawn cwynfanau galarus a thosturus am annuwioldeb a halogedigaeth yr oes; ceir darnau eraill o'i waith yn Carolau a Dyriau Duwiol (1688), Blodeu-Gerdd Cymru (1759), a Gwaith Owen Gruffydd (1904) a olygwyd gan O. M. Edwards.

Y mae'r hyn a ddywedir amdano yn *Y Traethodydd*, Hydref, 1846, yn cynnwys â ganlyn: 'Adwaenai Robert ab Gwilym Ddu, Mynachdy (Betws Fawr yn ddiweddarach), hen wraig o'r enw Marged Cadwalad, Ty'n Lôn, yr hon oedd yn gweinyddu ar y bardd yn niwedd ei oes. (Bu farw yn hen lanc yn 1730, yn 87 mlwydd oed).

Gadawodd ar ei ôl bum llyfr o farddoniaeth heblaw ei lyfr achau, yr hwn a adysgrifenodd y Parch. Dafydd Ellis, A.C. gynt person Cricieth, ac a'i gadawodd yn ei ewyllys i Dafydd Ddu Eryri, ac oedd (yn 1854) ym meddiant Dafydd Llwyd, Ysw. o Ffestiniog. Cadwai ei fwyd mewn coffor derw, a rhyw fechgyn diriaid a dorasant glo hwnnw. A'i Owain a'r clo i efail Elias y gof, yr hwn oedd yn byw yng ngefail Plas Hen, i'w drwsio, ac wrth fynd canai fel hyn, –

At Elias neat ei law,
Sy'n weithiwr hylaw hwylus,
R'wyn mynd a'r clo i'w drwsio ar drot,
Rhag lladron gnot twyllodrus.

Megis gwair ar wlawog hin
Ar ryfedd fin yr afon,
Nid ydyw coffor heb ddim clo
Ond lledrydd lle bo lladron.

Cymaint o air da oedd i Owen Gruffydd am ei hyddysgrwydd yn 'ach ac edrych' prif deuluoedd ei wlad, fel y dengys a dyfyniad canlynol o'r Archaelogia Cambrensis am 1871, dan y rhif 362A yn rhestr ysgriflyfrau Peniarth...

'A very valuable collection of Welsh Poetry, mostly by Owen Griffith, and probably in his hand. This volume, though some of the pieces are imperfect, is little, if at all, inferior to one of the Heralds Visitations. It contains epithalamia, elegies and complimentary verses upon a very great number of the gentry of North Wales, and gives their pedigrees, the names and pedigrees of their wives, and, in most instances, the dates of the events which the poems were intended to commemorate. Folio, late in the seventeenth and early in the eighteenth centuries.'

Yr oedd Owen Gruffydd wedi dechrau colli ei olwg ychydig flynyddoedd cyn ei farw, a William Elias (Plas y Glyn, Môn, yn ddiweddarach), cyfaill i Goronwy Owen, oedd yn byw ar y pryd yn Bryn Beddau, wrth ymyl yr afon a gerllaw cartref Owen Gruffydd, a arferai ddyfod ato ef ar y Suliau a phrydiau eraill i ysgrifennu ei farddoniaeth, gan mai Owen oedd ei athro barddonol ef. Yr oedd ei amgylchiadau yn isel, noddwyd ef gan rhai o fonheddigion Eifionydd y cyfnod megis: Plas Hen, Gwynfryn, Cefn Treflaeth, Cesail Gyfarch a Cae'r Ffawydd.

Bu farw yn mis Rhagfyr, 1730, a'i gladdu ym Mynwent Eglwys St. Ifan, Llanystumdwy neu St. Ioan Fedyddwyr fel y gelwir hi hefyd.

Yn *Cymru*, O. M. Edwards, 1899, ceir erthygl byr gan un o'r enw 'Perorfryn', o Flaenau Ffestiniog. Y penawd yw Bedd Owen Gruffydd: 'Yr wyf yn amcanu ysgrifennu peth o fy nheimlad cenedlgarol wrth ganfod yr olwg dlawd a thruenus sydd ar fedd un o feirdd mwyaf trawiadol y ganrif ddiweddaf. Nid oes cofgolofn uwchben Owen Gruffydd o Lanystumdwy; nid oes yno ond carreg gyffredin. Ac nid ydyw'r garreg mwy yn dangos, fel y dylai, gof y gŵr hynod ac awengar. Nid oedd ond carreg fechan ddiolwg pan roddwyd hi. Erbyn hyn y mae wedi torri yn ddau ddarn. Mae'r mortar oedd dani wedi ei daflu ar wasgar hyd wyneb y fynwent hynafol hon. Cefais drafferth nid ychydig i ddeall yr ysgrifen sydd ar y garreg lwydaidd doredig. Nid oes yno enw yn y byd, dim ond hyn, –

Dyma'r fan syfrdan y sydd – oer gload
Ar glau-wych lawenydd
Cerdd a phwyll cywir dda ffydd
Awen graff Owen Gruffydd.

Dwys fyfyr difyr dioferedd – gamp
A gwympwyd i'r dyfnfedd;
Pen clo can, pinacl ceinwedd,
Gloew wych fawl, gwelwch ei fedd.

Ei oedran 87. 1730.

Ffynonellau
Yr awdur a'r *Traethodydd* (1845)
*Y Llenor* (1895)
*Cymru* (1899)

# Wythnos yng Ngwynfryn

*Plas y Gwynfryn ar ôl tân 1982*

Y Grawys a'r Pasg heibio, a'r Gwanwyn yn nesu gyda chân yr adar a gwên y blodau, deffrodd awydd ynof i fynd am dro. Ond y cwestiwn oedd ble i fynd. Bum am rai dyddiau yn y penbleth o benderfynu. O'r diwedd meddyliais am y lle sydd a'i enw a'i lun uwchben yr ysgrif hon. Nid cynt y penderfynais nag y dechreuais wneud y darpariadau angenrheidiol. Gwyddwn am y lle yn dda, ac adwaenwn ei breswylwyr gynt gystal a hynny. Heblaw hyn yr oeddwn ar fedr mynd i ardal yr adwaenwn ei thrigolion neu o leiaf lawer ohonynt. Y diwrnod a ddaeth i gychwyn, a chychwynais. Ymhen tua dwyawr llwybreiddiwn fy ngherddediad at Blas Gwynfryn, a daeth atgofion am Syr Hugh (mab i Major Owen Jones Ellis Nanney Y.H. 1790-1870) i'm cof, ac fel y rhodiai'r un rodfa yr oeddwn innau arni'n awr.

Syr Hugh â adeiladodd y plas yn 1876, a phreswyliodd ef a'i deulu ynddo am lawer blwyddyn hapus. Ar ei farw ef a'i briod, Lady Ellis Nanney, daeth yr ystad i Mrs Lewis, eu merch, a phriod y diweddar Canon J. P. Lewis, y pryd hwnnw yn rheithor Llanystumdwy. Hithau ar draul fawr a'i troes yn llety gwyliau i offeiriaid a'u perthnasau.

150

Yn y neuadd fawr arferai aderyn marw – Albatros – grogi o'r nenfwd uwchben y lle tân. 'Roedd piano enfawr ar ganol y llawr a llun anferth o Syr Hugh Ellis Nanney ar y mur wrth ochr y grisiau hardd. Yr oedd y cerflun ar y dde ar yr ochr arall, ac mewn cornel arall roedd cerflun o ben plentyn, sef aer y stad a fu farw yn naw oed.'
(Lora Roberts)

*Major Owen Jones Ellis Nanney, Y Gwynfryn*

Yr oedd y tŷ a'i ddodrefn yn union fel y preswylid ef gan Syr Hugh a'i deulu ac wedyn gan Canon J. P. Lewis a Mrs Lewis. Ar rac yn ymyl y drws yr oedd rhes o ffyn, a rhai ohonynt y gwyddwn a berthynai i'r diweddar Ganon. Yn y brif neuadd, ac ar bared y grisiau, yr oedd darlun mewn oil o Syr Hugh yn ei gyflawn faintioli. Erys y darlun, ond y mae'r gwrthrych wedi mynd.

Ac yn y plasdy cysurus hwn trefnais i aros rhai dyddiau. Saif Gwynfryn a'i wyneb at Fae Ceredigion, ac o ffrynt y tŷ gellir gweld ar ddiwrnod clir draethau Aberteifi a Phenfro. O'r tu cefn iddo y mae'r Eifl, ac yn fwy i'r Gogledd fynyddoedd Eryri, a'r Wyddfa gyrhaeddfawr yn ymddyrchafu goruwch y cwbl; ar y chwith fynyddoedd Meirion yn rhes hir, ac yn debyg i fynyddoedd Moab o fynydd yr Olewydd, a'r môr rhwng Cricieth a Phorthmadog yn debyg i fôr Galilea, ger Capernaum.

I'r sawl a fyn ymgydnabyddu a'r mynyddoedd anodd dychmygu am lety mwy cyfleus. Ond nid i'r diben o deithio o amgylch y deuthum yma y tro hwn, ond i dreulio dyddiau tawel a mwynhau y golygfeydd arddunol. Ac eto nis gallwn lai na mynd am dro weithiau i alw ar hen gyfeillion a chydnabod. Eithr anaml fyddai'r troeon hyn.

O ffrynt y tŷ y mae golwg addurnol iawn ar fynyddoedd Meirion a'u rhiniogau, Bwlch y Bedol, Y Grisiau Rhufeinig, a Drws Ardudwy a daeth aml i hanesyn difyr i'm cof wrth edrych arnynt dan haenen denau o niwl cyfrodedd. Mor gywrain y gwea natur ei gorchudd i wisgo am yr hen fynyddoedd, ac y mae ganddi lawer gorchudd at ei gwasanaeth, a defnyddia hwynt weithiau lawer gwaith yn y dydd. Un funud y mae ei gorchudd mor denau nes ymddangos o'r mynydd drwyddo. Dro arall teifl orchudd tew nes cuddio'r mynydd yn gyfangwbl.

Ond efallai mai â'r môr y mae natur ar ei gorau. Un diwrnod sylwais ar y newid a'r symud a ymdaenai dros ei wyneb llydan. Un funud gwelwn weirgloddiau llydain – rhai yn wyrdd a rhai yn llwyd, a llanerchau hir o lesni yn eu cydio wrth ei gilydd, a'r tonnau yn brigwynnu ar y traeth. Yna'n sydyn newidiai ei wedd i liw pygddu a mân donnau'n frigwynion ar ei wyneb. A draw, draw, yr oedd llong yn llawn hwyliau a'r haul yn disgleirio arnynt. Gwnai hi am hafan a glan yn rhywle, a'r llyw a'r cwmpas yn rheoli ei llwybr. Cyn hir diflannodd dros y gorwel. Newidiodd ei wedd drachefn, ac yn awr yr oedd yn las a chyn lased â'r geninen, neu'r wybren uwchben, ac heb un ton yn torri ar y traeth. Mor esmwyth ydoedd i'r llygaid edrych ar y glesni, a theimlwn ryw adnewyddiad yn ymdaenu drosof, a than ei gyfaredd gelwais i gôf bennill a wnaeth Gwilym Hiraethog iddo –

Gwisgaist dywod mân yn gadwyn
Am ei lwynau rhwth ynghyd,
Dodi'r lleuad fel llaw forwyn
Ufudd iawn i siglo'i grud;
Dwedest ust yng nghlust y dymestl –
Hi ddistewai, hunai ef
Ar ei gefn a'i wyneb llydan
Esmwyth, gwastad tua'r nef.

Oedd, yr oedd golygfa addurnol yn fy ymyl a cher fy mron. Ar y lawnt lydan o flaen y tŷ yr oedd defaid ac wyn – y mamogiaid yn pori a rhai yn gorweddian yn gysglyd, a'r wyn yn chwarae eu mabolgampau. Rhedent yn ddrifflith drifflith ar draws ei gilydd heb bryder, nac ofn yr un cigydd a ddigwyddai basio heibio. Erbyn drannoeth yr oeddynt hwy wedi eu symud, a'r mamogiaid yn brefu ar eu hôl o hiraeth. Ydyw, y mae natur yn greulon, ac hefyd yn garedig, ac o'r ddau ei charedigrwydd sydd fwyaf. Ddiwrnod wedyn yr oedd y mamogiaid wedi anghofio'u hwyn, a'r briw hiraeth wedi gwella.

Llaw dyner natur, nid oes dim fel ei llaw dyner hi at wella briw ac esmwytho gofid. A thu hwnt i natur y mae Duw natur. Gwir a ddywedodd

Thomas Carlyle –

'Nature is the time vesture of God, revealing Him to the wise, and shielding Him from the foolish.'

O, fel y dyhea'r ysbryd addolgar am weld yr anweledig a chlywed yr anrhaethadwy. Yr enaid sy'n gweld a chlywed. Tynnu darluniau ar ei lenni a wna'r llygad a'u dal o flaen llygad yr enaid. Cyflwyno seiniau a wna'r glust i'r enaid fyfyrio arnynt. Fe welodd y Difinydd y fintai fawr yn ei gwisgoedd gwyn, a chlywodd hi yn canu cân Moses a chân yr Oen. Y ffordd i weld yr anweledig a chlywed yr anrhaethadwy yw byw yn y Presenoldeb.

Un bore cyn toriad y wawr digwyddais ddeffro, a chan nad oedd yr un gorchudd ar y ffenestr gwelwn y lleuad, ac yn llawn ar y pryd. Mor dawel a mwyn oedd yr olwg arni yn sefyll yn llonydd yn y glesni, ac yn edrych i'r Dwyrain gwelwn arwyddion fod y pyrth yn dechrau agor. Yno yr oedd rhyw gyffro distaw, ac ambell i belydr o oleuni yn ymsaethu trwy'r gwyll. Daeth y pelydr yn amlach ac yn dewach, a gwelwn yno gyffro a disgwyl, ac yn sydyn dyna ymyl yr haul i'r golwg. Dim ond ei ymyl oedd i'w weld, ond yr oedd hynny'n ddigon i ddeffro pob tant, a chanodd yr adar yn un côr am chwarter awr. Yr oedd y Robin yn y côr, a'r Du, a'r fronfraith, a'r Dryw, ac amryw eraill. Toddai'r lleisiau i'w gilydd heb un nodyn o ddiscord. Methais a chlywed y Penfelyn yn y côr, ond o ran hynny soloist yw ef a'i gân yn nechrau'r Gwanwyn am 'Dipyn bach o fara', ac yn yr haf ychwanega ei fyrdwn swynol – 'a chaws', a deil ei nodyn yn hir ar y 'caws'. Tua diwedd yr haf gedy y byrdwn a deil at y rhan gyntaf gyda hyn o wahaniaeth fod ei nodau yn gyflymach, a chyda'r Hydref distawa fel Cigfran Barnaby Rudge yn rhoddi ei phig dan ei hadain i fynd i gysgu, a chysga yntau o ran ei gân ar hyd y gaeaf.

Distawodd y côr yn sydyn, ac ymwahanodd, pob un i ganu ei unawd am y gweddill o'r dydd.

Daeth yr wythnos i ben, a chyda hi ymadnewyddiad i'r corff a'r meddwl, a dychwelais i faes fy llafur ac yn awyddus i waith.

Isfryn

(Yr Haul, Mehefin, 1934)

Yn gynnar bore Llun, 28 Mehefin, 1982, aeth Plas y Gwynfryn ar dân gan adael dim ond waliau moel heb yr un ffram ffenestr na drws ar ôl, a'r gwenithfaen hardd a chadarn yn ddu ac ôl y mwg ymhobman.

# Saethu i Gapel y Bontfechan

Capel Methodistaidd ydoedd, yr hwn ar lafar gyffredin a elwid yn Gapel y Bont, am fod pont gerllaw iddo, a safai yn ymyl y ffordd sydd yn arwain o Bwllheli i Borthmadog, ac oddeutu hanner y ffordd rhwng y naill a'r llall, ac o fewn milldir fer i bentref prydferth Llanystumdwy.

'Tecaf man o Gaer i Gonwy,
Ydyw mynwent Llanystumdwy.'

Adeilad blaen, didfrefn, a diaddurn ydoedd, â thŷ yn un pen iddo ac yn un ag ef, a drws ohono i'r capel, drwy yr hwn y delai y pregethwr, y blaenoriaid, ac ychydig etholedigion eraill i mewn yn llinyn pan oedd yr awr wedi cyrhaedd i ddechreu y gwasanaeth, y naill i gymryd ei le yn y pulpud, a'r lleill o'i amgylch yn y sêt fawr. Mae yr hen gapel wedi diflanu, ond mae'r tŷ yno eto, ond nid tŷ capel mwyach, ond yn hytrach tŷ ceidwad yr helwriaeth a'i gwn. Yr oedd drws priodol y capel ar hanner ei furiau, yr hwn oedd yn ddwbl, ac felly yn llydan, ac hefyd yn arwain i fynedfa o'r un mesurau oddifewn, gyferbyn a pha un, wrth y mur cyferbyniol, ceid y pulpud, yr hwn oedd eang a dwfn, ac yn wynebu ar y gwagle yn nghyfeiriad y drws, gan esgeuluso y gwrandawyr ar y dde a'r aswy. Ni bu erioed offeryn mwy anghyfleus i'r pwrpas y bwriadwyd iddo fod, er hynny caed llawer pregeth anfarwol ohono, y bydd coffa amdani mewn byd ar ôl hwn. Hefyd yr oedd iddo lawr eang, a mainc ymhob pen iddo, ar ba rai yr eisteddai y diethriaid, a'r gweision a'r morwynion, a phawb oedd yn rhy dlawd neu yn rhy gynnil i dalu am eisteddle. Byddai y gwrywiaid oll yn eistedd yn un rhes a'u hetiau yn eu dwylaw, ac felly hefyd pan ar eu traed y canu. I'r meinciau hyn y byddai y gweddiwyr yn myned pan yn cyfarch yr orsedd, ac yr oedd yn Bontfechan nifer o rai yn meddu dawn gweddi y tu hwnt i'r cyffredin y dyddiau hynny. I'r fainc y byddent yn myned, gan ddechrau yn un pen, ac ymsymud yn araf ac eto yn sicr, nes cyrhaedd y pen arall, ac ni byddai obaith i weddi ddarfod nes y byddai y fainc wedi darfod.

Ar adegau nodedig pregethid yn y ffenestr, gan y byddai y capel ar adegau felly yn rhy fychan, ac y byddai llawer o bobl yn gorfod bod allan. Ac yr oedd y ffenestr wedi ei chymhwyso i hyny, a lle wedi ei wneud i'r pregethwr i sefyll arno, a llawer pregeth nerthol a gaed o'r ffenestr, a sonid gan yr hen bobl gyda blas am oedfaon grymus y ffenestr. Ar adeg y diwygiad, yr hwn a elwid yn ddigwyddiad Bontfechan, am mai yno y dechreuodd, pregethai y Parch. William Jones, Rhyd-ddu, Wisconsin wedi hynny (brawd i'r Parchgn John Jones, Talysarn a David Jones, Treborth), yn y ffenestr, oddiar y testun: 'Os creffi ar anwireddau, Arglwydd, O Arglwydd pwy a saif?' gyda nerth ac arddeliad mawr, nes yr oedd yr holl gynulleidfa oeddifewn ac oddiallan yn un goelcerth oddeithiol. Wrth i'r pregethwr olrhain a dwyn ffeithiau i brofi bod yn amhosibl sefyll pan y byddai Duw yn craffu ar bechod – fod yr hen fyd wedi methu sefyll – fod dinasoedd y gwastadedd wedi methu sefyll, gwaeddai ar frig ei lais, 'Pwy a saif – pwy a saif?' pan y darfu i ddyn cryf, yr hwn a safai ar glawdd y cwrt oddiallan, waeddi allan yn groch nes syfrdanu pawb, 'Fe safodd Iesu, ac yr ydwyf finnau am sefyll byth yn ei gysgod.' 'Ie' medd y pregethwr, 'ti gest y blaen arnaf; do fe safodd Iesu; do fe safodd Iesu.' ac felly mae modd i tithau, pwy bynnag wyt, i sefyll byth.' Gan faint y cynhwrf, nis gallai y pregethwr fyned ymlaen, a bu raid dyfod i lawr o'r ffenestr heb orffen y bregeth. Pan oedd y gŵr parchedig, oddeutu ugain mlynedd yn ôl, drosodd am dro yn y wlad hon, gofynnodd yr ysgrifennydd iddo a oedd efe yn cofio yr oedfa, pan yr atebai ei fod, ac nas gallasai byth ei anghofio, a dywedai fel y daeth dyn ato mewn rhyw fan yn yr America flynyddoedd wedi hynny, gan ofyn a oedd efe yn cofio am bregeth y ffenestr yn hen gapel y Bontfechan, a'r dyn oedd ar ben y clawdd yn gwaeddi, 'Fe safodd Iesu, ac yr ydwyf finnau am sefyll dan ei gysgod?' 'Ydwyf' meddwn innau, 'yn dda'. 'Y fi ydyw y dyn hwnnw ac yr ydwyf byth er yr oedfa ar fy nhraed dros y Gŵr.'

Tua thriugain mlynedd yn ôl caed diwygiad grymus yn Eifionydd ac ymledodd hefyd dros yr holl sir, pan y daeth lliaws mawr at grefydd, a chaed ychwanegiad pwysig at yr eglwys yn Bontfechan, ac amryw ohonynt y cymeriadau mwyaf annosbarthus ac annuwiol yn yr ardal, amryw o ba rai fuont ddefnyddiol gyda'r achos, ac eraill a giliasant yn ôl. Gelwid hwy yn blant y diwygiad, ac fel dosbarth byddent yn hynod oriog a thymherog, gan fod yn hawdd ganddynt ddigio a chymeryd tramgwydd, ac hefyd nid yn rhy ofalus i beidio ei roddi i eraill. Byddent bob yn ail, a hynny yn aml, yn ogof Adulam, neu yn siamber sori. Byddent weithiau i fyny ac weithiau i lawr; weithiau ar yr uchelfannau , bryd arall yn y pant; weithiau yn mwynhau ac yn canmol, bryd arall yn ddistaw, yn sur, yn anniddig, a dim yn eu boddhau, ac hwyrach mai cysgu y byddai rhai ohonynt drwy gydol yr oedfa.

Crefyddwyr afrosgo, afrwydd, geirwon ac anghywaethus oeddynt fel dosbarth, a chryn lawer o'r hen ddyn yn aros ynddynt, yr hwn fu gyda hwynt hyd eu beddau.

Pan oedd y diwygiad y soniwyd amdano ar derfyn y cymerodd yr hyn sydd yn benawd i'n hysgrif le sef 'Saethu i'r Capel' (Ebrill, 1832). Gwnaed hyn drwy y ffenestr, pan oedd seiat ynghyd ar nos Sadwrn, a'r Parch. Robert Owen, Rhyl (Rhostryfan y pryd hynny) yn ei chadw. Arferid cadw y seiat mewn un darn o'r capel – y darn nesaf i'r tŷ, ac eisteddai y brodyr a'r chwiorydd arwahan. Yng nghefn y capel, ac yn perthyn i'r darn hwnnw ohono, yr oedd ffenestr, oddiallan i ba un yr oedd codiad tir nes bod yn lefel a hi, ac yn wir yn uwch na hi. A phan oedd y seiat yn myned ymlaen, a'r Parch. Robert Owen ar ganol y llawr yn gwrando profiadau, y daeth yr ergyd i fewn drwy'r ffenestr, nes peri cynhwrf a dychryn annisgrifadwy, ac y clwyfwyd tri a'r ddeg o bersonau, yn ŵyr a gwragedd, ac y gwaeddai un wraig oedd wedi ei saethu, 'O fy mywyd anwyl, yr ydywf wedi fy lladd!' Ac yn eu dychryn ffodd pawb allan, gan adael y clwyfedigion i ymdrybaeddu yn eu gwaed, ac hefyd heb wybod eto pa unai byw ai meirw oeddynt. Ac wedi ymbwyllo daethant yn ôl, gan gael y nifer a ddywedwyd wedi eu clwyfo, rhai yn eu penau, eraill yn eu gwyneb ac yn eu breichiau, ac yn gwaedu yn dost, er, o drugaredd, na chafodd neb ei glwyfo yn angeuol ac anfeddyginiaethol. Aeth rhan o'r ergyd i wyneb un wraig, gan dreiddio drwyddo, a dyfod allan wrth ei chlust. Yn y sêt o dan ffenestr yr ergyd eisteddai tri o ddynion, gan edrych i'r llawr at y pregethwr, ac felly a'u gwegil at y ffenestr, fel yr aeth yr ergyd dros ben un, ar hyd pen y llall, gan yn unig ei gyffwrdd yn ysgafn, ond aeth i wegil y trydydd, a bu yno hyd ei fedd, a bu yr ysgrifennydd lawer tro yn teimlo yr haels (shots) yn ei ben. Y tri ŵyr hyn oeddynt Hugh Griffith, yr hwn sydd yn awr yn fyw, Dafydd Robert, a Shon Elias. Byddai yr olaf yn ymfalchio ei fod yn dwyn nodau yr ergyd yn ei gorff, a hoffai siarad am yr amgylchiad; ac yn wir yr oedd marciau yr ergyd ar amryw eraill tra buont byw. A dywedir fod yr ergyd yn cynnwys y defnyddiau mwyaf llofruddiog ac angeuol, nid yn unig yr haels cyffredin, ond hefyd ddarnau ysgwar o blwm, pa rai oeddynt wedi eu bwriadu i wneud dinistr, a syndod ydyw ei fod mor ysgafn. Yr oedd y pared a'r drws gyferbyn a'r ffenestr yn frith o dyllau yr ergyd, a buont yno tra bu y capel ar ei draed. (Pan ddymchwelwyd y capel cariwyd rhannau ohono i adeiladu tŷ capel Engedi (M.C.), ar gwr y Lôn Goed, a'r ffenestr enwog honno a osodwyd ym mharlwr ffrynt y tŷ pan drigai Wmffra a Lora Jones yno). Hefyd yr oedd yn y ffenestr gynifer a 61 o dyllau, a buwyd am flynyddoedd yn ceisio eu dal rywsut wrth eu gilydd, er mwyn bod yn gofgolofn o'r gyflafan ac o'r waredigaeth.

Fe gymerwyd dau ddyn i fyny ar amheuaeth, y ddau yn hen gymdeithion mewn drygioni, ac o'r gymdogaeth, a buont yn y carchar am yspaid hyd adeg y Sesiwn. Ar y cyntaf tystid gan fachgen iddo weled y ddau yng nghwmni eu gilydd y noson honno yn agos i'r capel, a bod gwn gan un ohonynt. Ac ar bwys y dystiolaeth hon y cymerwyd hwynt i fyny, ac y traddodwyd hwynt i garchar. Ond yn y treial torodd i lawr yn ei dystiolaeth, ac ni fynai sefyll at yr hyn a ddywedodd o'r blaen, fel y bu i'r ddau, o ddiffyg tystiolaeth, fyned yn rhydd, a dywedir yn y gymdogaeth na ddarfu i'r bachgen byth wedi hynny gerdded cam yn iach, ond y bu iddo ddihoeni a marw. Y syniad cyffredin ymhlith yr ardalwyr ydoedd eu bod yn euog, ac y dylasant gael eu cosbi. Yr oedd gwraig i un ohonynt yn y seiat y noson honno, a dywedid iddi newid ei lle arferol o ymyl y ffenestr i gongl bellenig, a dywedid hefyd iddi, pan aeth adref, ofyn yn gyffrous pa le yr oedd ei gŵr, a chanfod nad oedd y gwn yn ei le, iddi agos a syrthio i lawn mewn llewyg. Dywedid mai yr achos o'r saethu oedd gelyniaeth at y Methodistiaid, a'r anfoddlonrwydd a deimlai un fod ei wraig yn myned i'r seiat yn y Bontfechan, ac nid oes amheuaeth nad oedd yn meddwl ei saethu, ac eraill gyda hi. Clywais i un ohonynt, pan yn glaf ac yn ofni marw, gyfaddef y cwbl, a dywedid mai efe a saethodd yr ergyd, a mai y llall a lanwodd y dryll. Aeth un ohonynt i'r capel y bore canlynol i'r gyflafan, sef bore Sabboth. Y Parch. Robert Owen oedd yn pregethu ac eisteddodd ar y fainc ar ganol y llawr. Ni bu yno o'r blaen nac wedi hynny. Daeth yno, fel y tybid, er ceisio taflu i ffwrdd bob amheuaeth amdanynt o feddyliau y bobl. Ond edrychid arno gyda dirmyg ac atgasedd mawr, gan fod pawb yn credu yn ei euogrwydd. Tybiaf fod un ohonynt yn fyw eto, ond y mae y llall wedi cyfarfod a'i Farnwr, ac aeth o'r byd hwn drwy gael ei ladd, a'i ladd gan ergyd, ac felly cafodd ei hun yr hyn a amcanai ei wneud i eraill.

Y Parchg John Jones, Bethesda

(*Y Drysorfa*, Awst, 1893)

Codwyd capel cyntaf Bontfechan yn 1805. Capel a tho gwellt ydoedd, a dim ond dwy sêt, un bob ochr i'r pulpud. Llawr pridd oedd iddo, gyda morhesg yn y gaeaf i dorri ar yr ias. Cafodd ei gofrestru yr un diwrnod a chapel Brynmelyn, Treflys, sef 5 Awst, 1806. Adeiladwyd y capel lle bu'r saethu yn 1828 a bu'n llewyrchus iawn nes codi capel Moreia, Llanystumdwy yn 1866. Daeth yr achos i ben yn fuan ar ôl hynny, ac ohono codwyd capel Engedi, ar gwr y Lôn Goed, a dad-gorfforiwyd hwnnw yn mis Hydref, 1982.

*Mab Abercin, fferm wrth ochr yr Afon Dwyfor, Llanystumdwy, oedd y Parchg John Jones, R.R.G.S. Symudodd yn fachgen ifanc at ei ewythr, siopwr yng Nghaernarfon. Bu yn Llundain a Lerpwl ar ôl hynny, ac yna i Athrofa'r Bala. Ordeiniwyd ef yng Nghymdeithasfa Treffynnon, 1863. Bu'n weinidog yn Llanystumdwy, a Capel y Graig yn Arfon. Bu'n gweithio yn y banc yn Methesda cyn dychwelyd yn ei ôl i Bwllheli lle bu â chysylltiad ac eglwys Penmount am ugain mlynedd. Yr oedd yn llenor coeth ac yn ysgrifenwr cynhyrchiol, ac yn awdur sawl cofiant. Bu farw 19 Mehefin, 1906, yn 68 mlwydd oed. Yr oedd yn briod ac ail ferch y Parchg David Jones, Treborth.*

## Cofadail yn Llanystumdwy

I'r lle y gorffwys gweddillion y diweddar Iarll Dwyfor, a gofir am byth yng Nghymru fel Lloyd George (1863-1945), y gwnaeth rhai o'm cyfeillion a minnau bererindod beth amser yn ôl. Nid oedd pob un ohonom o'r un farn amdano. Parchai rhai ef yn fawr oherwydd edmygedd eu tadau ohono. Yr oedd eraill, a'i hedmygai unwaith, wedi newid eu meddwl, ond yr oedd rhai a'u parch iddo yn parhau mor gryf a digymysg ag erioed. Mewn un peth yr oeddym i gyd yn un – beth bynnag ein barn, yr oeddym o dan ddylanwad swyn enw Lloyd George ac yn barod i ganfod hyd yn oed wrth ei fedd rywbeth gwreiddiol ac annisgwyliadwy, ac ni'n siomwyd.

Dywed athronwyr nad oes dim yn digwydd yn ddi-achos, ac nid oes, mewn gwirionedd, y fath beth a damwain yn ystyr fanwl y gair. Er hynny gall llawer o bethau pwrpasol ddigwydd yn anfwriadol. Efallai mai'n ddifwriad y digwyddodd rhai o'r pethau â ganfyddir yng nghofadail Lloyd George, ond gwell gennyf gredu bod y cwbl wedi ei arfaethu a'i saernio'n

fanwl ym meddwl cyfrin y cynllunydd.

Sylwer ar y fan yng nghwr y coed ar fin yr afon, y gwelir i gyfeiriad ei tharddiad y ddaear a'r nefoedd yn ymgusanu ar y gorwel. Aeth man deffroad bore oes yn orffwysfa'r lluddedig. Rhydd yr olygfa tua'r gorwel inni y syniad o bosibilrwydd diderfyn. Dyma allwedd cyfrinach llwyddiant y llanc o'r Llan a enillodd le i'w enw mewn hanes drwy ei ddychymyg byw, ei benderfyniad diwyro a'i ffyddlondeb difeth i'w weledigaeth. Aeth y posibilrwydd diderfyn a welir ar y gorwel yn sylweddoliad.

Yr oedd yr afon yn isel, a'i llynnoedd yn llonydd, ond yr oedd ôl ei rhuthriadau llifogydd gwylltion ar ei glannau. Ni safai dim yn ffordd hon pan fyddai'n llifo. Ysgubid popeth gan ei llifeiriant wrth ruthro dan y bont i'r môr. Yma gwelir y tebyg yn denu ei degyb ato'i hun. Natur yn ei stormydd a'i gwylltineb, ac yn ei llonyddwch yn agor ei mynwes i un o'i phlant. Yn anterth ei nerth yntau ar faes y byd ni safai dim o flaen Lloyd George; ysgubai o'r neilltu bob gwrthwynebiad fel yr afon yn rhuthro o dan y bont. Ond y mae'r stormydd drosodd; daeth hindda ar ôl y ddrycin a gorffwystra ar ôl y drin. Beth bynnag ydyw syniadau dynion erbyn hyn, yr un yw sŵn yr afon, yr un yw cân yr adar fore a hwyr, a'r un yw sŵn y plant yn chwarae yng nghwr y coed.

Nid dwylo dynion a naddodd y maen sydd ar y bedd. Naddwyd ef ryw dro, yn ôl pob tebyg, gan ddwylo cywrain yr afon. Gwnaed carreg fedd o garreg sarn. Sarned a sarno, fe droir y sarhad yn sarn i groesi'r lli. Nid a cherrig bras y palmantwyd y bedd ond a cherrig llyfnion o'r afon, i gofio fel y lloriodd y Dafydd hwn fel Dafydd frenin gynt, aml i Oliath. Nid o aur nac arian nac o bres y gwnaed y glwyd sydd yn y mur ond o haearn gyr. Nid trwy fanteision mawr ym more oes, nid drwy gyfoeth na ffafr, ond trwy lafur a lludded y llwyddodd. Yr haearn â yrrwyd i'w enaid ef.

Uwchben y glwyd y mae pinacl bychan fel gablet eglwys heb gloch. Efallai y rhyfeddir paham y rhoddwyd i ymneilltuwr mor drwyadl a digyfaddawd gofadail fel hon. Mentraf yr esboniad a gododd yn fy meddwl. Mewn un ystyr y mae yma wrthgyferbyniad, neu paradox. Dyma fedd dyn oedd ar ei ben ei hun. Dyma, ar un llaw, gofadail y gwir individualist. Eto, ar y llaw arall, gablet eglwys sydd yma, o leiaf dyna ei ffurf. Er codi'n annibynol ac ymdroi ar ei ffordd, i'r môr y llifa Dwyfor yn y diwedd. Er holl neilltuolrwydd a gwreiddioldeb Lloyd George ni ddiystyrwyd arwydd cymdeithas eglwys yn gysgod iddo yn ei fedd. Ni ellir cael y ffrydlif loyw na'r ffynnon na'r llifeiriant heb y môr.

Yr oedd drws yr ardd ym Mrynawelon wedi ei gloi. Trwy hwn y cerddai allan y gŵr a'r llygaid tanllyd a'r llais ariannaid i ddrachtio o win awelon bro ei febyd pan bwysai cyfrifoldeb cenedloedd ar ei ysgwyddau, a phan ddaliai awenau ymerodraeth gyfan yn ei law. Ar ddrws pren ei ardd flodau y torrodd llawer lythrennau cyntaf eu henwau yn arwydd o'u unig obaith hwy i'w hanfarwoli eu hunain, sef cael rhoddi eu traed yn ol traed yr anfarwol a chael eu henwau ar ddrws ei ardd flodau.

Er bod cofadail Lloyd George yn ddi-argraff, ni all tywysog iaith ac arabedd, hyd yn oed yn ei fedd, beidio a llefaru.

Tegidon (sef y Parchg E. Goronwy Owen, Person Glynceiriog)
(o'r *Corn Gwlad*: Cylchgrawn Blynyddol Gorsedd y Beirdd a'r Eisteddfod
Rhifyn 1949-50)


Angladd i'w ryfeddu ato oedd un David Lloyd George, ar Ddydd Gwener y Groglith, 1945. Ei ddymuniad ef oedd cael ei gladdu ar lan afon Dwyfor, lle arferai chwarae fel plentyn , a lle bu'n canlyn ei wraig gyntaf, Margaret.

Bwriadai i'w angladd fod yn syml, yn Gymreig a gwreiddiol. 'Roedd gwasanaeth preifat, byr i'w gynnal yn y tŷ i'r teulu yn unig; wedyn hebrwng y corff at y bedd ar drol ffarm, yn cael ei thynnu gan Dan, ceffyl hynafol stesion Cricieth. Hen gyfaill maboed iddo, Robert Evans, Cricieth oedd i lunio'r arch o bren llwyfen, y chweched arch iddo ei wneud i deulu Lloyd George. Ni roddwyd gwahoddiad i unrhyw wleidydd o fri i'r arwyl. Ond tyrrodd ei werin bobl ei hun yno yn eu miloedd.

# CHWILOG

## Siôn Wyn o Eifion
## (1786-1859)

Yn y Tŷ Newydd, Chwilog, gerllaw gorsaf rheilffordd Chwilog gynt – tŷ a adeiladwyd gan Thomas Roberts, Traian, Dinas, ar dir oedd yn perthyn i Madryn, y ganed Siôn Wyn o Eifion neu John Thomas i roi ei enw bedydd, 17 Medi, 1786. Yn y tŷ hwnnw y bu fyw ar hyd ei oes, ac yno y treuliodd tua deunaw mlynedd a deugain, fwy neu lai, yn ei wely. Pan oedd tua 14 oed aeth ef a'i gyfaill Emmanuel Jones, ar ddiwrnod oer yn niwedd y flwyddyn 1800, i lan y môr gerllaw gorsaf Afonwen. Cawsant gymaint o foddhad yno wrth astudio'r cregyn mân oedd yno fel y buont yno am sbelen yn rhy hir. Ymaflodd anwyd trwm yn Siôn Wyn y diwrnod hwnnw, a drodd yn dwymyn, fel ac yr arhosodd yr effeithiau arno am weddill ei oes. Bu'n rhaid i Emmanuel ei gario ef adref. Bu am wyth mlynedd heb fwyta yr un tamaid o fara, ond ymborthi ar faidd; a bu'n orweddog hollol am 25 o flynyddoedd, heb roi ei droed ar y llawr gymaint ac unwaith, ac ni fu fawr gwell na bod yn orweddog am yn agos i 58 mlynedd i gyd. 'Roedd Siôn Wyn wedi cael damwain cyn cyfnod ei waeledd maith. Pan oedd tua naw oed cafodd ei wasgu rhwng cert a wal gerrig ger ei gartref.

Bu amryw o feddygon medrus ei gyfnod yn ymweld ac ef yn ei gartref, gan gynnwys meddyg i'r Ymerawdwr Rwsia, oedd yn aros ym Mhlas Gwynfryn, Llanystumdwy, ar y pryd. Daeth enwogion eraill yno i gymdeithasu ac ef rhai fel: R. Fenton, yr hanesydd; Shelley, y bardd Saesneg, ac yn 1817 bu W. A. Maddocks, sylfaenydd Tremadog, yn eistedd yn hir wrth ochr ei wely. Cyrchai beirdd y fro yno megis Dewi Wyn o Eifion, Robert ap Gwilym Ddu, Nicander ac Ellis Owen, Cefnymeysydd, ac eraill.

Yn raddol cryfhaodd Siôn Wyn ddigon i allu mynd allan ychydig, ac yn y rhan olaf ei oes gallai fynd o gwmpas mewn cerbyd bychan a roddodd ei gyfeillion yn anrheg iddo. Ond yn ei wely y byddai y rhan fwyaf o'i amser gan ei fod mor wan. Cyfansoddodd gywydd i ddiolch am y cerbyd hwnnw – cerbyd isel pedair olwyn ydoedd, a merlyn yn ei dynnu. Ac am y gwely, gwely wenscot ydoedd, sef rhyw fath o focs digon mawr i ddau gysgu ynddo.

Nid oedd yn hawdd mynd iddo oherwydd fod y pen yn dod i wrthdrawiad a rhyw gwr neu gilydd ohono, ac yr oedd yn llawer mwy anodd dod allan ohono yn y bore. Ond nid lle i orffwys a chysgu yn unig oedd yr hen wely wenscot i Siôn Wyn, ond yr oedd wedi ei silffio oddiamgylch tua oddimewn bob modfedd ac wedi ei lenwi a llyfrau, fel bod yr hen wely hefyd yn llyfrgell, ysgol ac yn fan addoliad iddo ef.

Yr oedd Thomas Roberts, ei dad (yn ôl yr arferiad cyffredin galwyd Siôn Wyn yn John Thomas) yn frawd i John Roberts ('Sion Llŷn), yntau yn fardd ac athro ysgol ym Mhwllheli, ac yn un o sefydlwyr Capel Penmount M.C. (Y Drindod heddiw). Fel eraill o fechgyn ardal Chwilog bu Siôn Wyn am ychydig yn Ysgol Isaac Morris yn Llanarmon, lle yr oedd 'Dewi Wyn' yn gyd-ysgolor ac ef, a buont yn gyfeillion ar hyd eu hoes. Wedi'r ddamwain a gafodd yr oedd yn rhy wael i allu mynychu unrhyw ysgol, a dyma a ddywed ef ei hun: 'Yr oeddwn yn rhy wael a gwannaidd i ddarllen dros y rhan fwyaf o'r flwyddyn gyntaf o'm carchariad yn y gwely, ond byddai fy mam yn darllen cyfran o'r Beibl bob dydd, ac yn neilltuol gwaith Pritchard, Llanymddyfri. Y llyfr wyf yn gofio i mi ddarllen fy hunan oedd Taith y Pererin gan Bunyan.'

*Ar ochr isaf y ddwy ffenestr, ar yr ochr dde,*
*yr oedd ffenestr wely Siôn Wyn o Eifion.*

163

Yr oedd Siôn Wyn yn hoff o farddoniaeth ers dyddiau ei blentyndod, yr oedd yn englynu cyn ei fod yn ddeuddeg oed. Meistriolodd y Gymraeg a'r Saesneg, dechreuodd astudio Lladin, Groeg a Ffrangeg, ond nid oedd yn fodlon ei fyd heb ddechrau astudio daearyddiaeth, morwriaeth, seryddiaeth ac algebra, gyda'r pwnc olaf yn apelio yn fwy iddo na'r lleill. Astudiodd gerddoriaeth hefyd a daeth yn gerddor ac yn ddatganwr derbyniol.

Un gŵr â fu a dylanwad arno yn fwy na neb arall oedd y Parchg Benjamin Jones, gweinidog Penlan (A), Pwllheli. Cyrchai yno bob mis, yn amlach weithiau, ond yn fisol am lawer o flynyddoedd i addoli, ac yno yn Tŷ Newydd, Chwilog, y cychwynwyd yr achos Annibynol yn Chwilog yn 1810, ac yno y bu hyd y flwyddyn 1835 pan godwyd addoldy newydd.

Gyda barddoniaeth y cai fwyaf o bleser, a chyfansoddodd lawer o ddarnau tyner a thlws. Ei brif waith barddonol yw awdlau ar Gerddoriaeth ac Adfyd, a phryddestau ar Ddoethineb Duw a'r Atgyfodiad. Cyfansoddodd hefyd lawer o gywyddau a chaneuon rhydd. Ceir emyn o'i waith yng nghasgliad emynau 'Caledfryn' ac yn *Aberth Moliant*; a'r un emyn yn *Emynau y Cysegr* gan Thomas Gee. Rhoddodd Mr Gee enw J. Thomas, Pentrefoelas, o dan yr enw, sydd yn anghywir.

Pan oedd Siôn Wyn yn tynnu at ei anadl olaf, mynnai ddrych i gael gweld ei wyneb yn newid ei liw yn ei angau, gan wybod nad oedd gobaith gwellhad iddo. Ymadawodd drwy ffydd yn ei Arglwydd, ac ar 8fed Gorffennaf, 1859, tua naw o'r gloch yn yr hwyr, yn hollol dawel ac esmwyth bu ef farw, a chladdwyd ef ger Capel Penlan, Pwllheli.

*Mrs Elin Jones, Tŷ Newydd, Chwilog. Ganwyd 31 Rhagfyr, 1822. Nith i Siôn Wyn, a fu'n cadw tŷ ac yn gofalu drosto.*

Hir y cofir patriarch Chwilog,
Un o wir anwyliaid nef:
Collwyd oracl y gymdogaeth
Yn y dydd y collwyd ef:
Wedi claddu cenedlaethau,
Son amdano fydd trwy'r tir;

Ar dafodau traddodiadau
Bydd ei hanes yn byw'n hir.

William Ambrose ('Emrys' 1813-73)
Ffynonellau: *Dysgedydd y Plant* (Tachwedd, 1888)
*Y Geninen* (Mawrth, 1906), *Y Dysgedydd* (Rhagfyr, 1910)

# Eifion Wyn

(Pan ddadorchuddiwyd ei gofgolofn gan
Mr Lloyd George, 19 Mai, 1934)

Brif-fardd Cymru, os wyt heno
Ynghwsg o dan ganghennau'r yw;
Nid yw d'awen dan yr amdo
Mae dy gerddi pur yn fyw.

Hoff fu gennyt dlysni'r ddaear,
Ti edmygaist las y nen;
Ceraist bopeth cain a hawddgar,
Denwyd ti gan gariad Men.

*Eifion Wyn, M. A., Anrhyd. (Cymru)*

Telynegion wnest i'r misoedd,
Cenaist hefyd gân i'th Fen;
Salmau wnest i'r maes a'r moroedd,
A chanmolaist Gymru wen.

Ym mhen oesoedd gwelaf eto
Gymru'n moli'r bardd o hyd;
Tra fo'r iaith Gymraeg yn seinio
Nid â Eifion Wyn yn fud.

Gwilym Roberts, Blaenau Ffestiniog

(*Y Ford Gron*, Mehefin, 1934)

# AFON-WEN

## Yn Afon-wen

Gwn na chaf eto'n ôl a brofais gynt –
Hyder ieuenctid a'i ymateb o,
Pan ydoedd miwsig pell ym mhibau'r gwynt
A hen gynhesrwydd yng nghwmniaeth bro;
A syndod syfrdan o weld glöyn byw,
Neu blu'r Lôn Goed yn garped dan fy nhraed,
Pan ydoedd Pympar, D. C. O. a Huw
Yn rhyfeddodau byw o gig a gwaed;
Asbri llecyndod a'i afiethus hud
Fel llewyrch lloergan mewn di-gwmwl nen,
Pan oedd Garn Bentyrch yn orwelion byd
A Duw'n rhychwantu'i wyrthiau'n Afon-wen;
Ond neithiwr gwelais yno ar fy hynt
Benfelyn fab a'i glust wrth bibau'r gwynt.

G. J. Roberts, (*Barn*, Rhagfyr, 1966)

*Ganed y Parchedig G. J. Roberts (1912-1969 yn Arwenfa, Afonwen Terrace, Afonwen, Eifionydd. Addysgwyd yn Ysgol Sir Pwllheli a Choleg y Brifysgol, Bangor. Graddiodd yn 1934 gydag anrhydedd mewn Hebraeg, a derbyniodd y radd o M.A. yn 1936. Bu'n darlithio yn adran Hebraeg y Brifysgol o 1935 i 1936 cyn derbyn Urddau Eglwysig a mynd yn Offeiriad Plwyf. Bu'n rheithor yn Nantglyn, Dinbych (1945-48) ac yna ym Meillteyrn, Botwnnog a Bryncroes (1948-51). Ar ôl hynny bu'n ficer ym Mlaenau Ffestiniog ac yna Conwy a'r Gyffin, Dyffryn Conwy. Ymddiddorai mewn llen a barddoniaeth Cymru, a chyhoeddwyd ei waith o dro i dro yn Y Faner, Y Llenor a'r Efrydydd. Enillodd amryw o gadeiriau ac ef oedd y bardd coronog yn Eisteddfod*

*Genedlaethol Bae Colwyn yn 1947 pan enillodd am yr awdl goffa i R. Williams Parry, 'Llef un yn llefain..' Cyhoeddodd deg o lyfrau. Priododd â Margaret, merch i Owen ac Elizabeth (Williams) Morris o Forfa Nefyn. Fe'i claddwyd ef ym Mynwent Abergwyngregyn, ger Bangor.*

Griffith John Roberts
(*Offeiriad, llenor, bardd*)

## Griffith John Roberts

"Tlotach dy Gymru", meddit yn dy gân
I gofio Gwenallt, bardd ein beirdd i gyd,
A thlotach fyth dy Gymru di achlan –
Y llais â swynai'r miloedd sydd yn fud.
Fe erys gwefr dy 'Basiant' – gwyrthiol waith!
Ym Mangor Fawr, anfarwol "Ddeiniol Sant",
Dy "Coed Celyddion", "Llyfr y Siaced Fraith",
"Seintiau Cymru", a "Gwasanaethau'r Plant",
Mae'n wir it gael dy wobr am "Glyn y Groes",
Er na ddeallai pawb dy bryddest gain,
Ni chefaist barch a haeddit gan dy oes
Offeiriad hoff i Ŵr y "Goron Ddrain",
Ni chefaist dy gydnabod Duw a wŷr
Gan Eglwys na chan Goleg, – mae'n rhy hwyr!

Parch. R. D. Roberts, Llwyngwril, 1969

# Capel Brynbachau M.C.

*Cymdeithas Lenyddol Brynbachau, 1897*

O! Gapel Brynbachau mor dlws yw dy wedd,
Mae ynot agosrwydd yn stôr
Yng nghwmni dau ddwsin ffyddlona'n y byd
Sy'n cadw ar agor dy ddôr.

Wrth gofio gwirionedd disiglo'r hen air
Sy'n dwedyd mor groyw a chlir
Fod Duw wedi addo ymuno'n ddiffael
A'r cyfrif sydd fychan yn wir.

Cyfannedd i weddi ac emyn roddaist
Mor berffaith trwy'r ganrif yn gron,
A buost nodded i allor ddilychwin
Trwy gyfnod fu'n lleddf, ac yn llon.

O! na ddoi awel i suo, nes ennyn
Ei fflam ar astell y Gair,
Bydd llawen dy furiau pan gludo'r llanw
O'r bingo, a'r dafarn, a'r ffair.

Arthur Evans, Chwilog

Un o gapeli min y ffordd fawr oedd Brynbachau. Yn ei ddyddiau cynnar tawelwch bro oedd ei amgylchedd cyn bod son am Wersyll Llynges na Gwersyll Gwyliau Butlins, tafliad carreg oddiwrtho. Deuai'r aelodau addolgar o dai a ffermydd pur wasgarog i'r encil dawel, lle bu cynhesrwydd addoli yn hyfrydwch a llawenydd yng nghwmni gweinidogion ffyddlon yr eglwys. Daeth yr achos i ben yn 2004. Gŵr yn ymhyfrydu yn ei ardal a'i chymeriadau yw Arthur Evans, y trydanwr o Chwilog. Ei dad oedd y Prifardd John Evans, enillydd cadair Eisteddfod Genedlaethol Aberystwyth (1952) ac Ystradgynlais (1954). Cyhoeddodd Arthur Evans gyfrol o farddoniaeth – *Lleisiau'r Awen* yn y flwyddyn 2008.

## Stesion Afon-wen

Os hoffech chwi gael gyrru
Eich natur dda i'r pen,
Neu brofi eich amynedd,
Ewch tua'r Afonwen;
Cewch yno ddisgwyl oriau
A goddef aml sen,
Cewch bopeth ond hwylusdod
Yn Stesion Afonwen.

Pan ddoir o dref Caernarfon,
Dros gefnen Penygroes,
Bydd tren y llinell honno
Ar ôl gryn hanner oes;
A phan bydd hwnnw'n ôl-llaw
Yn Afonwen yn cwrdd,
Bydd tren Pwllheli'n flaenllaw,
Ac wedi mynd i ffwrdd.

Mi welais ŵr bonheddig
Ryw dro yn Afonwen,
A dwedai yn bruddglwyfus
Mewn trallod dros ei ben –
"I want to have some shelter
To rest my weary bones;"
Ond nid oedd dim i'w ganfod
Ond dannedd Dafydd Jones.

Mae llawer teithiwr enwog
Yn teithio'r wlad i gyd,
A'i goffrau yn ei ganlyn
Heb drafferth yn y byd;
Ond llawer teithiwr cyflym
Fu bron a moidro'i ben
Wrth geisio cadw'i luggage
Yn Stesion Afonwen.

Mae cannoedd byd o deithwyr
Yn glaf a llesg eu bron,
A'r peswch ar ugeiniau
Oherwydd bod yn hon;
"Rheumatic" sydd ar filoedd,
A "tic" yn cracio'u pen,
Oherwydd bod yn rhynnu
Yn Stesion Afonwen.

Mynyddog (1910)

Cafodd Rheilffordd Sir Gaernarfon ei chorffori gan Ddeddf dyddiedig 29 Gorffennaf, 1862, gyda'r pwerau o adeiladu llinell o Reilffordd Bangor a Chaernarfon i Borthmadog. Digwyddodd mai dim ond adran o'r llinell o Afonwen i Benygroes â adeiladwyd. Agorwyd y llinell yn swyddogol ar 2il o Fedi, 1867. Agorwyd gorsaf yn Chwilog yn 1868 a'r flwyddyn canlynol rhoddwyd awdurdod i agor gorsafoedd ym Mhantglas a Llangybi.

Ganed 'Mynyddog', sef Richard Davies (1833/77) yn Dôl Lydan, Llanbrynmair. Cymerodd ei enw barddonol oddiwrth Newydd Fynyddog, bryn yn ymyl ei gartref. Copiwyd ei gân 'Stesion Afonwen' oddiar gof hen frodor o Eifionydd, gan Carneddog. Cyhoeddodd dair cyfrol o'i waith: *Caneuon Mynyddog* (1866), *Yr Ail Gynnig* (1870), *Y Trydydd Cynnig* (1877). Cyhoeddwyd *Pedwerydd Llyfr Mynyddog* (1882) ar ôl ei farw. Priododd ac Ann Elizabeth, merch y Parchg Aaron Francis, Y Rhyl, ac adeiladodd gartref newydd sef Bryn-y-gân, yng Nghemaes, Maldwyn. Bu farw Gorffennaf 14, 1877, a'i gladdu ym Mynwent yr Hen Gapel, Llanbrynmair.

# Ffynnon y Garreg Lwyd

Wedi taith Sabbath tesog o Abererch i Frynbachau, cefais, i dorri'm syched, wydriad o ddŵr gloyw Ffynnon y Garreg Lwyd gan Becca Jones, Tŷ'r Capel, yr hon ni flinai son am ragoriaethau yr hen ffynnon hon, sydd yn y weirglodd o flaen ei thŷ.

"Dydd da ichwi heddiw, Becca Jones,
Ar wresog, hafaidd hin."
'Dydd da fo'i chwithau: dowch i mewn,
'Rwy'n tybio'ch bod yn flin."

I'w bwthyn cerddais: rhag y gwres
'Roedd cysgod yno i'w gael,
Gan, gyda'm cadach, sychy'r chwys
Disgynnai dros fy ael.

Modrwyog oedd ymylwaith glân
Y cap oedd am ei phen;
Ac nid oedd crychni na brycheuyn
Ar ei harffedog wen.

Ac ar y fainc, oedd gref ei chefn,
Gwnaeth imi eiste' i lawr;
Ac ebe finnau – "Becca Jones,
Tost yw fy syched mawr."

Oddiar y badell bridd, ar frys,
Cododd y llechen gron;
A gwydriad o ddwfr gloyw glân
Estynodd imi'n llon.

Ei lendid gloyw-liw, bywiol, pur
Oedd lawn o swyn, bob dafn;
A'i gynnwys peraidd ddofai raib
Y syched oedd yn fy safn.

Ni wel'swn loywach dwfr erioed, –
Ni phrofais, ar hafaidd hin,
Ddiod erioed mor bêr, mor llawn
O wir adfywiol rin.

"Ai pell yw'r ymdaith, Becca Jones,
I'r llannerch fad lle tardd?
Oes doll, neu dreth, neu ddeddf, neu graig
O rwystr, idd' eich gwahardd?"

"Mae'r llwybyr yn rhydd," medd Becca Jones,
"Ac arno byth ni chwyd
Atalfa i neb a fyno lwnc
O Ffynnon y Garreg Lwyd.

"Nid yw yn bell i hen a llesg
Fynd at ei thorlan gu;
A chlywir swn ei ffrwd chwareus
O riniog drws fy nhŷ.

"Dan ael y weirglodd fawr gerllaw,
Fel llygad serchog, llaith,
Mae'n erfyn ar gymylau'r nef
I'w chofio ar eu taith."

Fydd ffynnon bêr y Garreg Lwyd
Yn sychu, i gael sen,
Ar hirwres, heb un cwmwl bach
I'w gwrando, uwch ei phen?"

Atebai hithau – "Cof nid oes
Gan neb ei gweled hi
Heb fod yn llawn o ddyfroedd byw
Ohoni'n ffrydio'n lli.

"Yn ystod f'oes, – mae honno'n faith,
Dengwaith bu'r Afon Wen
Heb ynddi bwll a roddai lwnc
I eidion wyra'i ben.

Pan fyddo'i gwely graian hi
Er siom, yn llwch a llaid,
Bydd ffrwd y ffynnon bach, heb drai,
Bob amser, at eu rhaid.

"Rhianod, gyda'u llestri gwag,
Ant ati bob prynhawn,
I'w claddu yn eu mynwes ddofn,
A'u codi i fyny'n llawn.

"Cyfarchant hi a chanig bêr;
Ac yn ei gwyneb mwyn
Eu hunain welant, fel mewn drych,
A chwarddant gan y swyn.

"Pladurwyr welwyd, lawer tro,
Yn dringo i fyny'r allt
I'r gweriog faes sydd am y clawdd,
Oddiwrth eu mollgig hallt.

"Nol torri eu gwaneifiau trwch
O glawdd i glawdd yn glir,
Bydd syched arnynt wedi cael
I ben y wanaf hir.

"Hwy gladdant oll eu llafnau dur
Ym mhen y wanaf glyd;
A thros y clawdd y dringant oll,
A'r ffynnon yn eu bryd.

"Â deulin, ar y Garreg Lwyd,
Fe wyra'r llanc i'w lli, –
A'i ruddnoeth freichiau preiff ar led,
Fel i'w chofleidio hi.

"Ac ar ei dwylan rhydd ei bwys
I ddrachtio o'i gloyw ddwr;
A cherdd oddiwrthi at ei waith
Yn newydd, ufudd ŵr.

"Er arfau gwych, ac awch eu min,
A chylla llawn o fwyd,
Am nerth ac ynni plygant oll
I Ffynnon y Garreg Lwyd.

"Mawr ddiolch ichwi, Becca Jones
Am ei hanes hynod hi,
A'r gwydriad o'i grisialaidd ddwfr
A'm hadnewyddodd i.

"Ac er mai alltud yn eich bro
Wyf heddiw ar fy hynt,
Ei chlod a yraf hwnt ar ffo
I gerdded gyda'r gwynt."

O Abererch i Benmaenmawr,
O Leyn i Ddyffryn Clwyd,
Bydd hysbys, bellach, Becca Jones,
A Ffynnon y Garreg Lwyd.

Hywel Tudur
(*Y Geninen*, 1906)

Y Garreg Lwyd – Enw pedwar o dai bychan a'u safle ar dir Brynbachau, wrth y brif-ffordd – enw wedi ei gymeryd oddi wrth garreg anghyffredin o faint a orweddai yn ddeheuol am y clawdd a'r ffordd fawr; ond y mae wedi ei malurio ers degau o flynyddoedd.

*Enwau Lleoedd Sir Gaernarfon* gan J. Jones (Myrddin Fardd) 1913

# ABERERCH

## Thomas Williams, Abererch
## (1771-1847)

Ganed Thomas Williams yn Abererch, yn y flwyddyn 1771. Trodd allan i weithio pan yn ifanc iawn, gan fod yna amryw o blant ar yr aelwyd. Daeth yn saer llongau campus cyn pen dim, er na chafodd ysgol i ddysgu darllen ac ysgrifenu.

Bu'n gweithio ym Mhwllheli, Caernarfon a Bangor, cyn iddo ef symud i Lerpwl. Yr oedd yn ŵr caredig a chyfeillgar, ni wnai unrhyw niwed i neb; a gan fod ei feddwl ar bethau eraill, ni allai siarad Saesneg yn gywir. Pan ofynai am lymaid o ddŵr i Sais, gofynnai "please Sir give me a bit of drink" "A bit," oedd popeth yn Saesneg gan Thomas Williams; dywedai gantlamon am gentlemen, sef boneddigion.

Hynodrwydd Thomas Williams oedd ei ddyfais. Amryw ystafelloedd, llawer darn ôl, a llu o ddelwau ar rannau blaen llongau, fu'n addurno'r porthladdoedd lle'r elont, oblegid ei gywreinrwydd mawr yn cerfio; ac nid yn unig yr oedd ei waith yn hardd i'w ryfeddu ond yr oedd hefyd yn gadarn i foddlonrwydd.

Y pethau a'i hynododd yn bennaf oedd y tu allan i'w waith fel saer llongau; un peth, er na allai ddarllen, gwnai i fyny unrhyw swm o rifyddiaeth a ofynid iddo, neu a ewyllysiai ei gwybod, heb unrhyw gymorth dim ond ei feddwl, a'i dafod i'w thraethu; a phe gofynid iddo ym mha ran o'r ddaear oedd rhyw wlad, ym mha wlad yr oedd rhyw dref, a pha un a'i porthladd llongau y lle a'r lle ai peidio, atebai'n syth, ac mor gywir a phe gofynid iddo am Bwllheli.

Dywedai am hen ryfeloedd y Groegiaid, y Rhufeiniaid a'r Prydeiniaid yn dra chyson a hanesyddiaeth. Cofiai Hanesyddiaeth Eglwysig Mosheim yn rhyfedd, a thrwy yr hoffai ef y Bedyddwyr yn fwy nag unrhyw enwad crefyddol arall, medrai adrodd eu helynt am lawer oes, ac enwi eu pregethwyr pennaf mewn llawer gwlad; hynod o gyfa oedd ei gof.

Ceisiodd i'w feddiant Beiriant y Morwyr, yr hwn sy bedwerydd ran o gylch (quadrant), a gwnaeth un newydd a ystyrid yn well gan amryw;

gorchwyl benigamp o'i eiddo ydoedd yspeinddrych pellenig, at edrych ar sêr a phlanedau; eithr ei brif gamp oedd offeryn at alluogi'r morwr i wybod yr hydred y byddai ynddo pan ar y cefnfor. Pelen fawr oedd yr offeryn hwn, wedi ei lliwio, a'i dosbarthu'n diroedd a moroedd, ac enwau lleoedd yr un fath a phelenau llun y byd yn gyffredin; dododd hi i sefyll mewn cylch a graddeg, a chylch pres o'i hamgylch dannodd a throsodd, a graddeg ar hwnnw; yr oedd cadwyni'n dyfod o'r cylch uwchben a chnapiau pres wrthynt, ac enwau sêr a phlanedau arnynt; troai Thomas Williams y belen, nes dyfod rhyw le â enwid o dan y cnap a ddewisid; a dywedai am faint o'r gloch y nos a'r nos, yn y mis ar mis, y byddai'r blaned i'w gweld yn y cwr a'r cwr o'r ffurfafen, o'r porthladd â nodwyd iddo pan yn gofyn.

Dangosai y belen mewn amryw drefi yng Nghymru a Lloegr; ac anfonwyd amdano i'w dangos a'i hegluro yn Llundain o flaen Bwrdd Llynges Prydain. Synai y mawrion ar ei fedrusrwydd, ond ni thybiasant yr atebai'r diben mewn golwg ymhobman.

Bu farw yn nhŷ ei ferch o'r wraig gyntaf, ym Mryste. Ac yno y claddwyd ef yn 1847, yn 76 mlwydd oed.

Y fath resyn na chawsai Thomas Williams ysgol, pan yn ei ieuenctid.' Ai tybed na ennyn hyn o hanes hynod awydd, ymhob tad a mam a'i darlleno, am roi plant mewn ysgol. Yr ysgolion ydynt dra lluosog a rhad yn ein dyddiau ni; a'r dull o addysgu plant sydd berffeithiach, o fwy nag a ddichon i un nad yw'n ymweld ag ysgolion ei ddychmygu, na'r hyn oedd o fewn ugain mlynedd yn ôl.

Dyn yw Williams dan waliau – y bedd oer,
Heb ddawn na synhwyrau;
Ond ei gerfwaith clodwaith clau,
A'i dengys, wedi angau.

(*Y Wawr*, Chwefror, 1851)

# Trem o Bell ar Bentre'r Berch

Ar adenydd chwim fy awen
Mynd yn awr a gaiff fy serch
I'r gorffennol, ddyddiau dedwydd,
Pan o'wn blentyn tua'r 'Berch;
Llithra llu o hen adgofion
I fy meddwl ar fy hynt, –
Am y llwybrau difyr rodiais
Gyda'm cyd-chwar'yddion gynt.

Cadair Cawrdraf a Phenclogwyn,
Crossing, Dwnan, Glan y Môr,
Afon Bont a Phenbryn Felin,
Oedd hyfrydle'r difyr gôr;
Weithiau 'nghanol corsydd 'Steddfa,
Arall bryd ger glannau'r Erch;
Wrthi'n brysur a'u chwareuon

Byddai bechgyn dewr y 'Berch.
Difyr ydoedd dringo'r llethrau
I ryw wyllt anhygyrch fan,
Neu gyd-eistedd i ymgomio
Wrth yr afon yn Wern Llan;
Portreadu digymylau
A llwyddiannus ddedwydd oes,
Heb ddychmygu am funudyn
Fod i'n cwrdd awelon croes.

Awel bêr y gwanwyn fyddo
Uwch eu bedd yn murmur cerdd,
Tithau loer a fo'n eu gwylio
Draw o'th ymerodraeth werdd;

Yr ymgyfeillachu dedwydd
Fyddai'n Ysgol y Plasgwyn;
Cysegredig lannerch ydyw
Yn ein meddwl er mwyn hyn;
Holl ieuenctid y gymdogaeth
Gyda'u gilydd yno aent,
Welaf mo'nynt felly'n chwaneg;
O! gyfeillion – Pa le maent?

Pan yn canu cnul marwolaeth
Rhywun byddai cloch y llan,
Fel gadawem ein chwareuon
Am y cyntaf at y fan;
Ond mae wedi newid heddiw, –
Wedi'n gadael y maent hwy;
Cenwch fynnoch ar yr hen-gloch,
Byth ni ddeuant yno mwy.

Clywsent ganu cnuliau llawer
O drigolion hoff eu bro,
Ffrindiau a pherthnasau annwyl,
Tadau, mamau, yn eu tro;
Clywodd eraill eu cnul hwythau,
Man y bu'nt ni byddant mwy,
Trigle llawer un ohonynt
Yw hen fynwent oer y plwy.

Wyrddlwys haf, tyrd a blodeuyn
Tyner, siriol, hardd ei wedd,
Gosod ef a'i loyw ddeigryn
Gwlithog ar ei tawel fedd.

R. R. Jones
(*Cymru* , Ionawr, 1914)

*Yn ystod gweinidogaeth y Parchg William Jones, M.A. (1846-1925), y Ffôr, codwyd un o blant yr eglwys i'r weinidogaeth, sef R. R. Jones. Ganed ef yn Abererch. Cadwai ei rieni siop yn Abererch, a llythyrdy a thyddyn yn y Ffôr. Pan fu ei fam farw symudodd R. R. Jones o'r 'Berch i'r Ffor. Cyfeiria'i rhai ato fel "R. R. Jones, y post". Bwriadai ei deulu iddo fynd yn athro ysgol a bu'n dilyn yr alwedigaeth honno am gyfnod yn Llanarmon ac yna yng Nghaernarfon. Cymerai ddiddordeb dwfn mewn pregethwyr a phethau crefyddol, a dechreuodd yntau baratoi ei hun ar gyfer y weinidogaeth. Bu yng Ngholeg y Brifysgol ym Mangor cyn derbyn galwad i Abergynolwyn, Gorllewin Meirionnydd. Cafodd ei ordeinio yng Nghymdeithasfa Croesoswallt yn 1901. Arhosodd yn Abergynolwyn am ddeng mlynedd a chafodd wahoddiad i ddychwelyd yno ar ôl hynny, ond fe'i gwrthododd. Symudodd o'r fan honno i Ysbyty Ifan Dyffryn Conwy, a bu yno am wyth mlynedd. Yn 1919 aeth yn weinidog ar eglwysi Bethesda a Gwylfa, Blaenau Ffestiniog. Yr oedd yn cael ei gydnabod fel pregethwr grymus ac effeithiol, ac yn weddïwr mawr. Bu'n arweinydd ac yn feirniad mewn gwahanol eisteddfodau, ac yr oedd yn ddarlithydd hynod boblogaidd. Bu ef farw ar yr ail Sul o Fehefin, 1928, yng nghysgod pulpud Capel Twrgwyn, Bangor, yn sŵn y geiriau â genid, 'Na fy nhaflu fyth i lawr.'*

# Dr. William Robert Hughes
# Tanrallt

15 Mawrth, 1879, yn Fron Oleu, Fall River, gerllaw dinas Columbus, Wisconsin, bu farw Dr. W. R. Hughes, yn bedwar ugain oed. Ganed yn Tanrallt, Abererch, yn 1799. Priododd â Mary Williams, Murcrusto, Llangybi, yn 1821, ac yno y bu'n byw gyda'i rieni hyd gwanwyn, 1845. Saer coed oedd ei alwedigaeth pan oedd yn byw yng Nghymru. Yn ôl yr hanes dywedir mai ef oedd yn y Gaerwen, Ynys, yn tynnu cynllun o'r peiriant malu eithin y canodd Dewi Wyn o Eifion (1784-1841) ei englyn adnabyddus iddo....

O ble daeth y blawd eithin – mwnws
Manach na chyffredin?
Ai o afl y diafl diflin,
A'i awch mawr, a'i chwe min?

Yn y flwyddyn 1845 ymfudodd W. R. Hughes i'r America, gyda'i wraig a merch fach (perthynas i'w briod) â fabwysiadodd. Hwy a saith arall oedd sefydlwyr cyntaf ardal Columbus, Wisconsin, a hwy â gychwynodd yr achos crefyddol Cymreig yn y lle hwnnw. Yn ei dŷ ef y pregethwyd y bregeth Gymraeg gyntaf erioed yn y sefydliad gan y Parchg Hugh Jones (1778-1854), gynt o Fetws-y-Coed, â ymfudodd yn yr un flwyddyn â William R. Hughes.

Yr oedd ei deulu yn rhai hynod fel meddygon yng Nghymru yn eu dydd, ac yr oedd yntau hefyd wedi hynodi ei hun fel meddyg at lawer o afiechydon, yn arbennig i wella'r cancr a'r ddafad wyllt.

Bu W. R. Hughes yn aelod yng Nghapel Helyg (A), Llangybi, cyn ymfudo. Ar ôl iddo gyrraedd yr America ymunodd â'r Methodistiaid Calfinaidd gan nad oedd yna achos gan yr Annibynwyr yn y sefydliad. Cyn adeiladu Capel Moriah, Columbus, yn 1856, dywedir fod W. R. Hughes a'i briod yn mynd heibio y darn tir lle codwyd yr ail gapel, un min hwyr, ac iddynt glywed canu hyfryd yn union uwch eu pennau, ac meddai Mrs Hughes wrth ei gwr: "Wyddost ti beth Will, mi fydd y capel yn y fan yma rhywbryd gei di weld." Beth bynnag oedd yr esboniad a roddwyd i'r amgylchiad hwnnw, yr oedd yr hen gwpl hynny yn edrych arno fel rhywbeth arwyddocaol iawn. Daeth W. R. Hughes yn un o ymddiriedolwyr cyntaf y capel. Parhaodd yr achos am dros ddeugain o flynyddoedd ar ôl marw W. R. Hughes sef hyd 1924.

## Eraill o deulu Tanrallt

**William R. Hughes, 1778-1866**

Ymfudodd ef a'i deulu o Tanrallt, Abererch, yn 1831, ac ymsefydlodd yn ardal Bethel (chwe milltir o dref Remsen), Sir Oneida, Efrog Newydd, lle y treuliodd gweddill ei oes. "Ymunodd â chrefydd yn 1838... ni fedrai ddarllen. Yr oedd gwaeledd a gwendidau henaint wedi ei ddal ers llawer blwyddyn, eto ymlwybrodd lawer i'r capel gyda'i ffyn a baglau; ei glyw yn drwm a'i olwg yn pallu. Cafodd tua 65 o flynyddoedd priodasol." Bu farw 31 Ionawr, 1866, yn 87 mlwydd oed. Claddwyd ef ym Mynwent Bethel, ger Remsen. Gweinyddwyd gan y Parchg Morris Roberts (1799-1878) yn Gymraeg, a'r Parchg W. Robinson, Alder Creek, yn Saesneg.

**Mary Hughes, 1776-1870**

Un o Lŷn oedd Mary, priod William R. Hughes (1778-1866), merch i William ac Ann Williams. Ymfudodd gyda'i gŵr o Tanrallt yn 1831 i Bethel, ger Remsen. Ymunodd â chrefydd ym Mhenlan, Pwllheli, yn amser gweinidogaeth y Parchg Benjamin Jones. Yr oedd yn un o aelodau cyntaf yr achos Annibynwyr yn Abererch. Ar ôl ymsefydlu yn Remsen bu'n mynychu Capel Ucha hyd 1837 pan ddechreuwyd achos gan yr Annibynwyr yn ei hardal ac yno ym Methel y bu'n aelod hyd ei marw 26 Chwefror, 1870, yn 94 mlwydd oed.

**David Hughes, 1802-1885**

Mab i William R. a Mary Hughes uchod. Bu farw yn 1885 yn 82 mlwydd oed, a'i gladdu yn yr un fynwent (Bethel) a'i rieni. Bu Elizabeth Jones, ei briod, sef merch John Gough, Rhydhir, Efailnewydd, farw yn 1886 yn 87 mlwydd oed.

**Elizabeth Pritchard, 1779-1870**

Merch i William ac Ann Williams, ac unig chwaer i Mrs Mary Hughes (1776-1870) uchod, oedd yn byw yn yr America. Ymfudodd yn ferch ifanc yn 1800. Glaniodd yn Philadelphia, Pensylfania, ac yn fuan ar ôl hynny priododd â William Pritchard o'r un gymdogaeth. Buont yn byw yn Philadelphia ac yna yn Trenton, New Jersey, am tua chwe mlynedd, cyn symud i Steuben, Efrog Newydd, lle prynont ddyddyn a'i alw y Glyn, lle y treuliont gweddill eu hoes. Bu ei phriod farw 16 mlynedd o'i blaen, a'r 13 Mawrth, 1854, yn 75 mlwydd oed. Ganwyd iddynt ddeg o blant. Bu tri ohonynt farw o flaen eu mam. Bu'n aelod yng Nghapel Ucha, Steuben am tua 42 o flynyddoedd. Yr oedd o fewn tri mis i 91 mlwydd oed pan fu farw ar 26 Chwefror, 1870. Gadawodd dros 80 o berthnasau agos, yn blant, ŵyrion a gor-ŵyrion. Claddwyd hi wrth ochr ei phriod ym Mynwent Capel Ucha, Steuben, pryd y gwasanaethwyd gan y Parchgn Roberts, Everett, Phillips ac E. Humphreys.

### Plant Elizabeth a William Pritchard

1. Ann (g.1802), gwraig gyntaf Humphrey P. Jones
2. Elizabeth (g.1804) gwraig Owen Williams (Bryn Golau)
3. Mary, gwraig Richard Davies
4. William Jr. (g 16 Mehefin, 1808 – m. 25 Mehefin, 1889) priod Jane Williams o Nefyn, â fu farw 30 Awst, 1884, yn 78 mlwydd oed
5. David, gŵr Mary, merch i William I. Lewis Sr.
6. Griffith, priod Ann, merch i Matthew Williams, ac yna gwraig weddw o'r cyfenw Jones.
7. Catherine, gwraig Thomas O. Roberts
8. Richard, gŵr Eliza Howell
9. Gwen, gwraig John D. Griffiths
10. John, â fu farw yn 70 mlwydd oed.

# Pa Le Mae'r Llun?

*Oriel y Beirdd*

Ar goll – darlun sy'n bedair troedfedd o hyd a dwy droedfedd o led. Beth tybed a ddigwyddodd i'r "oriel" honno a baentiodd Ellis Bryncoch o tua chant o ŵyr llen Cymru yng nghanol y ganrif o'r blaen?

Mewn llythyr, bythefnos yn ôl, holai un o ddarllenwyr 'Y *Cymro*' a wyddai rhywun ym mhle y llochesai'r darlun hwnnw heddiw. Hyd yma, ni ddaeth siw na miw o'i hanes i'r fei.

Gwyddys i Gwilym Tawe dalu can gini am yr oriel gyda'r bwriad o gymryd yr hyn a eliw Myrddin Fardd yn "haul-arluniau" ohoni, ond erys yn ddirgelwch, fe ymddengys, beth a ddaeth o'r oriel wedi hynny.

Un o ddisgynyddion Ellis Owen Ellis, neu Ellis Bryncoch fel y'i gelwid, yn sgil enw ei gartref yn Abererch – yw Mr R. O. Ellis, Dolydd, Trefor. Yr oedd yr arlunydd yn hendaid iddo. Y mae gan Mr Ellis yn ei feddiant heddiw ddarlun a gerfiodd Ellis Bryncoch ohono'i hun mewn darn o bren.

Mae ganddo hefyd gwpwrdd cornel a fu'n eiddo i'w hendaid, ac mae gan ei chwaer, Miss Kate Ann Ellis ym Mhwllheli, ddiploma a enillodd yr arlunydd. Ni wyr Mr Ellis, fodd bynnag, ddim byd pendant o hanes yr oriel, ond clywodd gan ewyrth iddo, Richard Price Ellis, a fu'n argraffydd ym Mhwllheli ar hyd ei oes, i un ai'r darlun neu'r llyfr eglurhaol y bwriedid ei gyhoeddi yn gydymaith iddo, fynd i America. Tybed ai hynny – fel cynifer o'n trysorau – fu hanes yr oriel o'r gŵyr llen?

Y mae, fodd bynnag, amryw o weithiau gwreiddiol Ellis Bryncoch ar gael.

Yn y Llyfrgell Genedlaethol yn Aberystwyth y mae darlun a wnaeth o'r bardd, Siôn Wyn o Eifion, perthynas iddo, gan y teitl "Y Bardd yn ei wely". Dywedir y bu Siôn Wyn yn orweddog yn ei wely am bum mlynedd ar hugain gan fyw yn gyfangwbl ar faidd a phosel.

Y mae hefyd yn y Llyfrgell ddau o lyfrau Ellis Bryncoch y naill ar faledi Cymraeg, yn cynnwys saith darlun gwreiddiol yn delio ag un o faledi Jac Glanygors, a'r llall, ar Ddic Aberdaron, yn cynnwys un ar ddeg o ddarluniau gwreiddiol.

Wrth adrodd ei hanes yn "Enwogion Sir Gaernarfon" dywed Myrddin Fardd yr arferai Ellis, pan oedd yn ifanc, dynnu llun "pob creadur a ddeuai ger gwydd ei lygaid." Pan oedd yn bedair ar ddeg oed aeth yn brentis saer coed ond parhaodd i arlunio yn ei oriau hamdden, a chyn cyrraedd ei ugain yr oedd yn gryn feistr ar y gwaith, fe ymddengys, er mai o'i ben a'i bastwn ei hun y dysgai.

Tua'r ugain oed oedd Ellis pan wnaeth lun o John Evans, Ty'n Coed, cymydog iddo, a boddhawyd hwnnw gymaint yn y gwaith nes galw sylw Syr Robert Williams Vaughan, Nannau, Sir Feirionnydd, at fedrusrwydd yr arlunydd ifanc. Ac yn ei dro, fe'i cyflwynodd Syr Robert ef i Syr Martin Archer Shee.

Yn ôl Myrddin, yr oedd yr arlunydd enwog hwnnw yn Nannau ar y pryd yn paentio llun o Syr Robert i'w roi yn Neuadd y Sir yn Nolgellau. Gwnaeth Ellis Bryncoch lun o Syr Robert hefyd, ac ar bwys ei gelfyddyd rhoes Syr Martin lythyrau cymeradwyaeth i'r arlunydd ifanc i'w gyflwyno i arlunwyr yn Llundain.

Aeth Ellis i Lundain i astudio a phaentio yn 1834, a dangoswyd nifer o'i ddarluniau mewn oriel yno, gweithiau fel Cwymp Llywelyn Ein Llyw Olaf, Brwydr Morfa Rhuddlan, a Caradog o flaen Cesar yn Rhufain.

Am ryw reswm, fodd bynnag, gadawodd Lundain ymhen ryw ddwy flynedd a throi am Lerpwl. "Dichon mai serch a'i dygodd yma; dichon mai ei arian oedd wedi darfod yn Llundain ac yntau yn rhy annibynol i gymryd cymorth gan unrhyw noddwr", medd Myrddin Fardd.

Prun bynnag, fe ddaliodd ati i astudio yn Lerpwl, a hynny fe ymddengys, dan amgylchiadau digon anodd. Am hanner ei ddiwrnod gwnai waith saer coed, treuliai yr hanner arall yn Academi'r Celfyddydau Cain.

Enillodd amryw o wobrwyau ym myd celf yn y cyfnod hwn er fod gwŷr enwog yn cystadlu ag ef.

Dychwelodd Ellis i Lundain am gyfnod byr i astudio yn y Government School of Design ac er na chyfeirir at hynny gan Myrddin Fardd dywedir iddo gael gwaith i wneud patrymau yn y diwydiant cotwm pan ddaeth yn ôl i Lerpwl.

Yn ei flynyddoedd olaf aeth ei holl amser hamdden i gynhyrchu'r darlun o tua chant o ŵyr llen. Nid oedd prin wedi gorffen y gwaith pan fu farw 17 Mai, 1861, yn 48 oed. Fe'i claddwyd yn Abererch.

(*Y Cymro*, Ebrill, 1967)

# Amrywiaethau

Yng nghanol mis Mawrth diwethaf cafwyd 10 o ystenau beddrodol (sepulchral urns) yng nghylch troedfedd islaw wyneb y ddaear, ar y tyddyn â elwir Llystyn (Bryncir), rhwng Tomennydd Rhufeinig Llecheiddior a Dolbenmaen yn Swydd Gaernarfon. Yr oedd yr ystenau mewn cylch, tua phum llath o led, ac ymddengys eu bod wedi eu hamgylchynu a wal gerrig. Yr oeddynt wedi eu gosod yn rhes, ac yn llawn o esgyrn a lludw, ac yn un yr oedd darn o gopor. Yr oedd pedair carreg unionsyth i amddiffyn pob ysten, a charreg wastad uwchben, ac ychydig raean glân o dan bob un. Nid oedd eu gwneuthuriad ond garw, ac heb eu crasu erioed, ac felly cwbl faluriasant oll yn ebrwydd. Oherwydd caffael amryw weddillion Derwyddol yn y gymdogaeth honno, y mae'n lled debygol mai beddrod a gysegrwyd gan y Derwyddon ydoedd yr uchod, cyn dyfodiad y Rhufeiniaid i Brydain. Yr oedd rhan fawr o'r beddrod heb ei chwalu pan ysgrifenwyd yr hanes yma gyntaf, ond nid oes fawr o obaith y dangosir ddim edmygedd i'r fath gladdfa gan ŵyr yr oes hon.

(*Goleuad Cymru*, Mai, 1821)

\* \* \*

Ynys Fadog – Fe ddywedir fod Madog ap Owain Gwynedd yn byw yng Nghefn y Fan, a'r hwn oedd forwr wrth ei alwedigaeth, ar arno ef yr oedd gofal llongau ei dad yn Llŷn ac Ardudwy; a'r prif borthladdoedd lle yr angorent oedd Nefyn, Borth-y-gest, a Harlech, oherwydd dywedir fod y môr yn agos i'r castell yn yr oes honno. Ni byddai llongau ei dad yn myned i'r môr ond yn anfynych, gan gymaint oedd yr ymrysonau a'r rhyfeloedd yn y wlad y pryd hwnnw. Oherwydd hyn fe flinodd Madog ar fywyd segur ar y dŵr, ac am nad oedd yn chwanog i ryfel ar y tir, fe benderfynodd fyned ar antur i chwilio am dir newydd lle nad oedd rhyfel. I'r diben hwn fe adeiladodd longau newydd ym Mhorth-y-gest, ac a gynullodd lawer o ŵyr ieuanc o Eifionydd ac Ardudwy i ymuno yn ei anturiaeth. Mae traddodiad yn Nantgwynant hyd heddiw, fod amryw o'r Nant honno wedi ymuno â Madog; a dywedai hen bobl Dolbenmaen a'r Pennant fod llawer o'u teulu nhw yng "Ngwlad y Cernau". Ceir traddodiad cyffelyb yn Llŷn, ac mai o Nefyn y cychwynodd Madog ei hynt; ond myn pobl Penmorfa a'r Ynys mai o Ynys Fadog, ger Tremadog, yr hwyliodd Madog, ac i'r bryn hwnnw gael ei alw byth ar ôl hynny yn Ynys Fadog.

Cyn gadael Madog, rhoddwn ddarn o hen draddodiad ysgrifenedig amdano fel morwyr:

Madog ap Owain Gwynedd oedd forwr mawr, a chwannog i drafaelio, ac am na allai o fodd arall entrio i'r sugnedd, gwneuthur ac adeiladu a wnaeth long heb haearn, ond ei hoelio a chyrn ceirw, rhag llyncu o'r môr hwnnw hi, a'i galw o'i gwneuthuriad yn Gwenan Gorn, ac yn honno y nofiodd y moroedd wrth ei bleser, ac y trafaeliodd i lawer o wledydd tramor yn ddiarswyd, ond wrth ddychwelyd adref yn agos i Ynys Enlli, ysgytiwyd y llong gan ffrydiau yn greulon, ac a'i amharchodd ymhell, ac am hynny hyd heddiw y gelwir y man hwnnw yn Ffrydiau Caswenan.

Daeth y stori hon i law rhyw ffordd neu gilydd dan warant gredadwy o hynny hyd heddiw, wedi ei dyddio 13 Mawrth, 1582.

\* \* \*

Yr Ogof Ddu – Yng nghilfach, ar lan y môr, ger Cricieth, ac am y gwyddom ni, ym mhlwyf Cricieth, y mae; ond pa un bynnag ai yno yntau ym mhlwyf Treflys, nid yw o gymaint pwys am hynny, oherwydd y mae'r graig yno, a chlogwyn du, certh ydyw, o wyrddfaen traws ymwthiol, a'r hwn sydd yn cael ei guro'n ddyddiol barhaus gan donnau gwyllt a bae barus Y Gest, y rhai yn rhawd amser, sydd wedi treulio ymaith y lorgraig feddalach, gan ffurfio cilfach geledig ac anhywel yn nhrwym eithaf y colgwyn, ac yn y gilfach hon mae ogof ddyfrllyd, dywyll ac anhydraidd yn yr oes hon, a phan y bydd y llanw allan rhed pistyll cryf fel ffos allan ohoni. Gelwir hi yn Ogof Ddu ac adroddir amryw chwedlau amdani, ymysg eraill yr un a ganlyn: Rhyw dro yr oedd tri gŵr wrth gerdd, sef pibydd, cornor a chrythor, yn mynd o Gricieth i Lys Bronyfoel i gadw neithior, yn ôl arfer gwlad a bonedd. Yr oedd yn nos pan adawsant Cricieth, ac fel yr oeddynt yn myned ymlaen, daeth bonheddwr, a'i osgordd yn ei ganlyn, i'w cyfarfod; ac wedi cyfarch gwell holodd eu helynt, i ba le yr oeddynt yn myned ac yn y blaen. Yna fe geisiodd ganddynt ddyfod gydag ef y noson honno, ac y caent fynd i Fronyfoel y nos nesaf; ond â hwy yn gomedd mynd, fe ddangosodd lawer iddynt o aur, a aethant o'i ôl. Fel yr oeddynt yn myned ymlaen collasant adnabyddiaeth o'r wlad yr oeddynt yn myned drwyddi: yr oedd pob man yn ddiethr. Yn y diwedd hwy o ddaethant at blas ardderchog, ei furiau fel castell, a'i barc yn ddiderfyn. Yna y daeth atynt weision fel gweision tywysog, y rhai a'u harweiniasant i mewn i borth y plas: ac ni welwyd hwynt ar ôl hynny. Ymhen amser maith wedi hynny, fel yr oedd un o fugeiliaid y Cefn Coch yn myned i fugeilio i ochr Moel Hebog, fe glywodd sain pib yn canu tôn newydd glysaf a glywodd erioed; ac wrth iddo ef chwilio o ba le yr oedd y swn yn dyfod, daeth at agen yn y graig; ac wedi bloeddio, clywai lais o'r graig yn ei ateb, ac adroddodd i'r bugail fel y digwyddodd iddynt, ac na chaent byth ddyfod yn ôl i'n byd gweledig. Yr oedd y bugail yn gerddor da, ac fe ddysgodd y dôn, a rhoddodd yr enw Ffanod Dic y Pibydd arni, a'r bryn lle y clywodd yn Fraich y Bib. Bugail arall hefyd, tra i fyny yn y Foel, a glywodd yn eglur sain corn yn canu tôn ddiethr, ond am nad oedd yn gerddor ni allodd ei dysgu, eithr efe a alwodd y lle yn Fraich y Cornor. Am y crythor, dywedir iddo ef lwyddo i ddianc i wlad tanddaearol y tylwyth teg trwy ogof yn ochr Beddgelert i'r Foel, ond ni allodd ef fynd ymhellach na Dinas Emrys na fu farw, a chladdwyd ef ym mhen isaf Llyn y Ddinas, a gelwir ei fedd yn Bedd y Crythor Du.

W. Jones, ('Bleddyn'), Llangollen
(Buddugol yn Eisteddfod Gadeiriol Eryri, â gynhaliwyd yn Mhorthmadog, 1873)
(*Y Geninen*, 1883)

\* \* \*

Hen lanciau wedi drysu – Bore Sabbath, y 13 o Chwefror, pan oedd y bobl yn myned i'r Cyfarfod Gweddi i Gapel yr Annibynwyr yn Chwilog, er eu mawr syndod, gwelent aradr Penybryn yr hen lanciau, fel y'i gelwir, allan yn aredig at wenith, debygiad. Gyrrwyd rhyw fachgen atynt i ofyn paham yr oeddynt yn aredig ar y Sul? Ar y Sul! meddent, onid dydd Sadwrn ydyw hi heddiw? Nage siwr, meddai y bachgen, dydd Sul ydyw hi: edrychwch ar y bobl yn myned i'r capel. Ar hyn, gollyngwyd y ceffylau oddiwrth yr aradr i fyned i'r stabl i bori yr eithin ag oeddynt wedi eu malu cyn dechrau y daliad boreuol ac anghyffredinol hwn. Yr achos eu bod wedi colli rhifedi dyddiau yr wythnos, meddent hwy, ydoedd fod un ohonynt wedi bod yn Mhwllheli ddydd Iau yn lle dydd Mercher, ac felly ei thaflu ddiwrnod ymhellach drwy yr wythnos. O'm rhan i, rhown gyngor iddynt i chwilio am wraig, pe na byddai iddi wneud dim arall iddynt ond cadw rhifedi yr wythnos.

(*Y Dysgedydd*, Ebrill, 1848)

\* \* \*

Cyhuddwyd Lowry Griffith o dorri mewn i dŷ Mr Hugh Hughes, darluniedydd, Caernarfon, a dwyn amryw o ddillad gwisgo ac yn y blaen. Erlyniwyd hi i dŷ ei nain yng Ngarndolbenmaen, lle cafwyd hyd i'r eiddo yn ei meddiant, y rhai yr haearai iddi eu prynu gan forwr am ddeg swllt. Cafwyd hi'n euog, a dedfrydwyd hi i alltudiaeth am ei hoes.

(*Y Gwladgarwr*, Ebrill, 1836)

\* \* \*

Ar lan yr heli yng Nghricieth, dydd Mawrth, 15, 1885, cynhaliwyd ugeinfed arddangosfa flynyddol Cymdeithas Amaethyddol Llŷn ac Eifionydd. Daeth yno liaws mawr o anifeiliaid, rhai ohonynt a gwedd ragorol arnynt, er yr achwyn mawr ar y 'saith mlynedd newyn' hyn. Yr oedd yno gannoedd lawer o edrychwyr hefyd, ond llesteiriwyd mwynhad y rhai hynny, gan y cenllif mawr o wlaw a ddisgynodd y prynhawn. Anffafriol y bu'r tywydd, a gallasai pobl Eifionydd ofyn y diwrnod hwnnw, yng ngeiriau un o'u beirdd mwyaf awenber, "plwm yw'r hin, pa le mae'r haul?" Yr oedd yr olygfa yn yr orsaf meddir, yn ddifrifol i'r eithaf, y bobl yno am ddau o'r gloch yn disgwyl y tren bump, a'r oll yn y lle bychan, bychan yn ymddangos yn debycach i benwaig mewn cask na dim arall. Gobeithio na fygodd neb!

(*Y Celt*, 18 Medi, 1885)

\* \* \*

Yn Eglwys Ynyscynhaearn, ger Pentre'r Felin, y mae bedd Sion Ystumllyn. Yn ôl yr hanes bachgen bach du ar lannau un o afonydd mawr Affrica oedd Sion. Fe'i daliwyd gan fab Ystumllyn a oedd yn gwasanaethu yn y Llynges, ac fe'i dygwyd, gyda chadwyn am ei wddf, yn gaethwas i blasty Ysumllyn ym Mhentre'r Felin.

Yn y man dysgodd Sion Gymraeg a daeth yn arddwr penigamp. Priododd â Leusa'r forwyn a dywedir bod disgynyddion o'r briodas honno yn parhau yn y tir. Bu farw Sion ar 27 Gorffennaf, 1791, yn 45 oed. Yn ôl ei garreg fedd, yn yr India y ganwyd ef – ond Affrica sy'n gywir, meddai'r haneswyr. Dyma'r englyn sydd ar fedd Sion:

Yn India gynt fe'm ganwyd – a nghamrau
Yng Nghymru medyddiwyd;
Wele'r lan dan lechen lwyd
Du oeredd i'm daearwyd.

(*Y Cymro*, 1950au)

\* \* \*

O.N. Daliwyd Sion Ystumllyn tua 1742 pan oedd tua wyth oed. Yr oedd yn pysgota ar y pryd, a'i fam gerllaw yn llefain yn erchyll ar ei ôl. Margaret Griffiths, merch Hendre Mur, Trawsfynydd, oedd enw ei wraig. Ganwyd iddynt saith o blant. Bu un ohonynt yn geidwad helwriaeth i'r Arglwydd Niwbwrch. Bu farw yn 1786 a'i wraig yn 1828, yn 81 mlwydd oed.

# Dyddiadur

### 1 Rhagfyr, 2009: Cwt Defaid Penmorfa

Nid oedd gennyf unrhyw syniad am y lle hwn, chlywais i erioed y gair ar lafar na'i weld mewn print o'r blaen. Enw anghyffredin iawn ar gartref ond un doniol a dweud y lleiaf. Cefais fy nghyfarwyddo i'r lle ar wybodaeth dros y ffôn gan gyfaill sef Evie W. Roberts, y cyn-bostmon a pregethwr lleyg, o Bentrefelin. Rhaid oedd cael llun i gyd fynd a'm herthygl. Y mae Cwt Defaid wedi ei leoli uwchben y bont rheilffordd sydd gerllaw y ffordd sydd yn arwain i Gartref Henoed y Wern, Porthmadog, gynt. Cerddais i fyny llwybr carregog a llithrig oedd wedi ei orchuddio a dail nes cyrraedd tŷ o'r enw Bryn Golau, gan feddwl mai y tŷ hwnnw ydoedd. Ond bu rhaid cerdded ymlaen rhyw dafliad carreg heibio Bryn Golau, ac yno yr oedd Cwt Defaid wedi ei amgylchynu gan gloddiau a choedydd tal, a'r tŷ o leiaf ar yr ochr allanol iddo wedi ei atgyweirio ers cyfnod Edward Samuel (1674-1748) a drigai yno.

### 3 Rhagfyr, 2009: Cwm Pennant

Diwrnod sych, clir. Cefais y Cwm i fy hun am y bore oddiethr i un modur fy mhasio, yn dyfod allan o'r Cwm. Clociais bedair milltir o Eglwys Dolbenmaen i ben bellaf y Cwm. 'Roedd lliwiau cyfoethog yr hydref ar y coedwigoedd, a haenen o eira ar y bryniau uchaf. Ambell dro deuai sbeliau o haul i oleuo mannau o'r tirwedd. Collais ddeigryn wrth sefyll oddiallan i ffrynt y capel. Cofiais imi fod mewn oedfa yno pan aethom a'r diweddar Mrs Mary Hughes, Rome, Efrog Newydd, gynt o Coed-y-Fron, Mynytho) yn ei phedwar ugain hwyr, i wrando ar y diweddar Parchg Dr R. Lewis Jones, Caernarfon, gynt o Borthmadog ac Unol Daleithiau America wedi hynny. Ymhen blynyddoedd wedyn yn hafau 1993 ac 1994, un yn Sul braf a'r llall pan oedd hi yn tywallt y glaw, cefais y fraint o fynd yno fy hun i bregethu, cyn i'r achos ddirwyn i ben yno yn 1996.

### 9 Rhagfyr, 2009: Tanybraich, Garndolbenmaen

Dilynais gyfarwyddiadau y diweddar Guto Roberts, Rhoslan, yn ei Gyfres Teithiau Llenyddol Cymdeithas Celfyddydau Gogledd Cymru, Rhif 12: Eifionydd, i gyrraedd y lle hwn, a chefais hyd iddo'n hwylus. Yr oedd gan fy

191

niweddar fam, berthynas o'r enw Owen Williams, yn byw yn Lôn Gert, Garndolbenmaen, ers talwm, un na fu iddi hi ei hun hyd yn oed ei adnabod. Buom yn meddwl yn aml tybed pa le yr oedd y tŷ hwnnw. Rhyfedd o fyd, bron union gyferbyn a'r fynedfa i Tanybraich tarodd fy llygaid ar dŷ o faint sylweddol gydag ychydig o goed o'i amgylch, a beth feddylia chi oedd ei enw? Ia, Lôn Gert.

### 9 Rhagfyr, 2009: Plas Gwynfryn, Llanystumdwy

'Roeddwn wedi clywed hanesion am y plasdy hwn ers rhai degawdau ond nid oedd yn bosibl ei weld yn glir o'r ffordd fawr. Yswn am gael mynd yno, er na wyddwn faint oedd yn aros o'r adeilad ar ôl y tân yn 1983. Dilynais y ffordd gul i lawr i gyfeiriad plasdy arall sef Talhenbont. Cyrhaeddais adwy breifat a gyda fy 'wellingtons' am fy nhraed troediais am rhyw filltir ar hyd ddi gan gael cwmpeini ambell i wiwer lwyd yn gwibio o flaen fy llygaid ar y chwith tra 'roedd praidd o ddefaid yn y cae ar yr ochr arall imi. Cyrhaeddais fwthyn ynghyd ac ychydig o adeiladu gerllaw iddo, oedd ar gwr y goedwig, yng nghefn y plasdy. Cnociais y drws a daeth Saesnes i'r golwg, a gofynais am ganiatad i gael tynnu llun o'r hen blasdy. Dywedodd wrthai y byddai hi'n iawn imi wneuthur hynny ac arweiniodd fi at giat fechan oedd yn pwyntio i gyfeiriad y goedwig a'r plasdy. Ar fy ffordd syllais ar sawl modur a pheiriant oedd wedi eu gorchuddio gan drwch o dyfiant drostynt, car Mercedes oedd un ohonynt gyda'i du ôl i weld mewn cyflwr da. Yna, daeth sgerbwd yr hen blasdy i'r golwg gyda'i dyrrau uchel a'i waelodion o'r golwg mewn drain a mieri. Troediais ychydig ymlaen fel fy mod yn sefyll yn syth o'i flaen, gan basio heibio peiriant llifio coed a thractor oedd hefyd a thyfiant trwchus o'u hamgylch. Nid oeddwn wedi dychmygu cynt adeilad mor fawr ac uchel ydoedd. Gadawodd y tân hwnnw yn 1983 ei ôl yn drwm iawn ar y plasdy, llosgwyd yr holl ystafelloedd, y lloriau, a'r drysau a ffenestri. Ond y mae ei furiau i'w gweld mor urddasol o hyd ac yr ydoedd pan drigai rhywun yno. Y mae mewn llecyn deniadol, tawel, a gresyn iddo gael ei adael yn ei gyflwr adfeiliedig, na ddeuai rhywun cefnog i'r adwy i'w adfer i'w gyflwr cyntefig.

### 11 Rhagfyr, 2009: Tai Duon

Ar fore siriol o Ragfyr pan oedd yr awyr uwchben yn batrwm cymysglyd o las, coch a melyn, penderfynais roi tro am Bantglas. Yno rhwng Craig Goch y mae capel bychan llwyd ac anghofiedig, a mynwent Tai Duon. I ysbryd defosiynol y Cymro, rhywbeth dwys yw edrych ar addoldy, a'i gyntedd wedi ei gloi gan law angof ac adfail. Wedi sefyll a syllu'n hir wrth ffrynt y capel a cherdded yn ofalus ymysg y budreddi oedd ar ei lawr, ac edrych ar yr olygfa ysblenydd o'm blaen drwy'r ffenestri di-wydr, trois fy nghamre tua'r fynwent gerllaw. Odditanaf, rhyw led cae, safai fferm Nantcyll, ac ar ei thir ffynnon bron o fewn cyrraedd i'r hen fynwent. O edrych i wahanol gyfeiriad deuai y Graig Goch, y Foel Dderwyn a'r ochr arall i'r ffordd fawr odditanaf i gyfeiriad Clynnog, ymgodai mynyddoedd cadwynol Bwlch Mawr. Ac eithro y rhai oedd yn huno yn y fynwent, fy unig gwmpeini oedd y tawelwch ac ambell aderyn mynydd. Aeth bron i hanner can mlynedd ers pryd y buom i yn Nhai Duon o'r blaen ond edrychaf ymlaen at ddyddiau'r haf o gael mynd yn ôl yno eto a "dyrchafu fy llygaid tua'r mynyddoedd" i'r man dymunol hwn.

**15 Rhagfyr, 2009: Pant-glas**
Anfonais lythyr teipiedig i Balas Sandringham, Norfolk, yn ymholi am lun a gwybodaeth ynglyn a deial haul â wnaed gan 'Gwilym Pennant' i'r Brenin Iorwerth y Seithfed, i'w osod ar dir y palas. Daeth atebiad yn ôl wedi ei ddyddio 4 Ionawr, 2010, sef y llythyr a ganlyn....

Dear Mr Roberts,

Thank you for your letter of 15th December about Gwilym Pennant.

I am afraid that I have not been able so far to turn up any reference either to Mr Pennant or to sundials at Sandringham in general, either at the Royal Archives in Windsor or in the records held here.

As far as I am aware, there were two sundials at Sandringham; the one on the wall and another within the walled kitchen garden which has since been moved and has disappeared. If you have any reference to the year in which the sundial would have arrived, I may be able to locate it in the 19th-century accounts ledgers which are still held here, but there are a great many of them and without a date it would be almost impossible to track it down. The wall on which the sundial is mounted was part of an extension completed in around 1892, so I have looked in the ledgers for 1891, 1892 and 1893, but without success.

We do not have a postcard of the sundial – the illustration you have seen is the only one that has been published.

I am sorry not to be able to be of more help at present, but if you have any further information that may narrow down the search I would be very happy to try again.

Yours sincerely,

Helen Walch
Public Enterprises Manager

## 21 Rhagfyr, 2009: Llyn Glasfryn

Dydd byraf o'r flwyddyn ond yn ddydd sych a braf. Ymwelais â rhan o Stad y Glasfryn, ar gwr Pencaenewydd. Gan ei bod wedi rhewi'n galed y noson cynt, troediais yn araf a gofalus i fyny'r ffordd oedd yn arwain at Llyn Glasfryn a'r Plas. Aeth bron i 40 o flynyddoedd ers pan y buom yno y tro diwethaf, cyfnod pan aethom yno yng nghwrs fy ngalwedigaeth fel postmon. Yr oedd gwyneb y llyn yng nghlo mewn rhew ond yr olygfa o'm hamgylch yn hynod o dlws. Wrth gofio am y chwedl gynt ynglyn â'r union fan, pan aeth coed, caeau ac adeiladau o dan ddŵr, peth od oedd gweld arwydd 'llifogydd – floods' wedi ei osod gan yr adran ffyrdd, dafliad carreg i ffwrdd, o bob man.

## 26 Ionawr, 2010: Ffynnon Gybi

Yn dilyn gwyliau'r Nadolig a'r Flwyddyn Newydd, a chyfnod o dywydd garw pryd y cafwyd cawodydd o eira a rhew, fy mwriad oedd dringo llethrau Garn Bentyrch uwchben pentref Llangybi. Gan iddi fod yn ddiwrnod clir cefais safle manteisiol i sefyll rhyw hanner ffordd i fyny i ddarganfod y golygfeydd odditanaf. I'r de-orllewin yng ngodre'r Garn y mae Ffynnon Gybi a fu'n enwog gynt am rinweddau iachusol ei dyfroedd. Ffynnon loyw yn codi o'r ddaear yw hi hyd heddiw gyda mur crwn o'i hamgylch, a sedd garreg o'i chylch y tu mewn i'r mur. Fel un yn hyddysg yn ei Feibl, yr oedd yn fy atgoffa am Lyn Siloam yn y Testament Newydd, lle yr arhosai'r cleifion yn disgwyl am waredigaeth i'w hafiechydon. Yn ei ymyl y mae tŷ adfeiledig gyda'i do wedi syrthio iddo ers llawer dydd – yno yn ôl yr hanes yr oedd ceidwad y ffynnon yn byw. Mae'n le unig ac adfeiledig arwahan i gwmpeini swn y nant sydd yn rhedeg o'i flaen, ac ambell gân yr aderyn a glywir o gyfeiriad y llwyni. Go brin y gwelir neb yn cyrchu yno mwyach i geisio cael iachad. Yr oedd y prynhawn yn mynd heibio'n gyflym ac yn amser imi ffendio'r ffordd yn ôl at y cerbyd. Wrth imi syllu'n ôl i gongol y ffynnon a'r goedwig y tu ôl iddi cofiais imi ddarllen am Eben Fardd yn rhodio'r llwybr oedd gerllaw ugeiniau o weithiau, ac mai ar ben Garn Bentyrch y dechreuodd ef gyfansoddi ei gampwaith mwyaf nodedig pan oedd yn ddwy-ar-hugain oed, sef ei awdl 'Dinistr Jerusalem'. Wrth ymadael â Llangybi cyrhaeddais yn ôl adref yn gwerthfawrogi'r cyfle o fod wedi cael troedio bro Eben Fardd (1802-63), un a gyfoethogodd fywyd diwylliannol Cymru.

# Ffynonellau

## Llyfrau Printiedig

*Capel M.C. Brynengan – Dathlu'r Dau Can Mlwyddiant* 1777-1977
*Cell Meudwy*, sef Gweithiau a Bywgraffiad Ellis Owen, M.A. (1877)
*Diferion Dwyfach* – William David Jones (1982)
*Hanes Methodistiaid Gorllewin Meirionydd* – Parch. R. Owen M.A. (1889)
*Hanes Porthmadog, Ei Chrefydd a'i Henwogion* – Edward Davies (1913)
*History of Remsen* – Millard F. Roberts (1914)
*Lle Treigla'r Dwyfor* golygwyd gan Mair Harding Roberts (1975)
*Llyfr Emynau a Thonau y Meth. Calfinaidd a Wesleaidd* (1929)
*Owen Owen*, Cors y Wlad – Parch. Henry Hughes, Bryncir (1898)
*Plenydd* dan olygiaeth y Parch. J. Ll. Jones, B.A. a Phedrog, M.A. (1929)
*Sôn Dynion Amdanynt* – golygyddion Harri Parri a William Owen (1975)
*Tonau a'u Hawduron* – Huw Williams (1967)
*Bywgraffiadur Cymry America* – W. Arvon Roberts (heb ei gyhoeddi)

## Cylchgronau, Cyfnodolion a Phapurau Newyddion

*Cyfansoddiadau Eisteddfod Gadeiriol Eryri, Porthmadog, 1873*
*Cymru*
*Cymru'r Plant*
*Dysgedydd y Plant*
*Goleuad Cymru*
*Y Casglwr*
*Y Cenhadwr Americanaidd*
*Y Corn Gwlad*
*Y Ddolen*
*Y Drysorfa*
*Y Dysgedydd*
*Y Ford Gron*
*Y Ffynnon*
*Y Geninen*
*Y Llenor*
*Y Traethodydd*
*Yr Haul*

Tynnwyd y lluniau cyfoes gan yr awdur.

# Diolchiadau

Mr Evie W. Roberts, Pentre'r Felin
Mr Ken Robinson, Penrhyndeudraeth
Parchedig Ioan Wyn Gruffydd, Pwllheli
Mrs Blodwen Evans; a Merched, Fferm y Penrhyn, Afonwen
Mrs Elen Evans, Melin Llecheiddior, Bryncir